김경민 교수의
일본자위대
그 막강한 군사력

김경민

박영사

머리말

미국에 유학하던 1983년 봄학기에 [동북아정치] 과목의 보고서를 준비하려 도서관의 자료를 뒤지던 중 난생 처음으로 접하게 된 자료가 [일본 평화헌법의 개정 가능성]에 대한 글이었다. 일본의 아사히 신문사에 발간하는 Japan Quarterly였는데 그 첫 만남이 필자의 평생연구가 될 줄은 몰랐다. 일본의 평화 헌법 제9조는 일본이 제2차 세계대전에서 패망한 뒤 다시는 군국주의로 돌아가지 못하게 하기 위하여 군사력을 절대 보유하지 못하게 하는 내용이 포함되어 있다. 미국의 강요로 만들어진 세계 유일의 평화헌법, 즉 Peace Constitution 이다. 1947년의 일이었다. 그러나 1950년 한국전쟁이 발발하게 되자 미국이 이 전쟁에 개입하게 되고 군수물자의 공급 등 지리적으로 가까운 일본으로부터의 공급이 필요하게 되자 미국은 일본의 군사력을 한정적으로 부활시키게 되고 그 군사력은 자위대라는 이름으로 지금까지 회자되고 있다. 엄밀히 말하면 평화헌법 제9조에 위배되는 위헌사안이다. 1954년의 일이었다.

　65년이 지난 2019년 현재 일본의 자위대는 말이 자위대,
즉 오로지 방어만한다 라는 당초의 목표를 넘어서 군사강국
으로 올라서 대한민국의 첨단무기들이 일본의 무기보다 한
단계 낮은 현실을 맞게 되었다. 일본의 무기체계는 한 때 세
계 제2의 경제대국에 걸맞게 부자 나라의 면모를 과시할 만
큼 값비싼 최첨단 무기들로 구성되어 있다. 미국의 오하이오
급 핵잠수함도 조심해야 할 일본의 소류급 잠수함, F-2,
F-15, F-35들로 구성된 세계 최고의 전투기 군단, 그리고
작전영역에 비해 가장 많은 대잠초계기 숫자들, 지상 물체
30cm 정도까지 보는 첩보위성들, 언제든지 대륙간탄도탄이
되는 로켓, 즉 미사일 실력, 미래를 대비해 놓은 핵폭탄 제조
잠재력 등 일본은 군사강국이다 라고 확언할 수 있다. 일본
의 군사력을 중국과 비교해도 한 단계 앞선 첨단무기들의 집
합체라고 말할 수 있겠다.

　그러면서도 언제든지 첨단무기들을 양산할 수 있는 잠재력
을 보유한 일본은 군사외교에서도 큰 능력을 발휘해 한미동
맹과는 달리 [미일동맹은 군사일체화]라고 불릴 정도로 미국
의 군사력이 일본을 보호하고 있다. 일본 요코스카에는 미 7

함대가 있어 일본 해상자위대와 힘을 합쳤고, 요코다(橫田)에는 항공자위대가 미 공군과 힘을 합쳤고, 자마의 미 육군은 육상자위대가 힘을 합쳐 일본의 안보를 튼튼히 했다. 일본이 실효지배하고 있는 센가쿠 열도를 중국이 영토분쟁화하자 미국을 설득해 '만약 중국이 센가쿠를 침범하면 미국의 군사력이 즉각 개입하여 힘을 합쳐 중국을 물리친다'고 약속했다. 한국의 독도에 대해서는 미국이 아무런 언급을 하지 않는 것과는 대조적이다. 일본은 늘 일본의 군사력은 방어만 하는 자위대라고 강변한다. 1990년대만 해도 방어만 한다는 이유로 내세운 것이 '공중급유기가 있나? 항공모함이 있나?' 등의 이유를 구실로 변명했다. 이제 항공모함도 있고 공중급유기도 있으니 뭐라고 말할 것인가? 일본자위대는 어느새 공격형 자위대로 변모해 있다는 사실은 일본자위대 간부들은 스스로 잘 안다.

북한이 1998년 8월 31일 대포동 미사일 발사를 시작으로 계속적으로 미사일을 쏘아대자 일본 지도자들은 [선제공격]을 말할 정도로 일본의 군사력은 충분한 공격력을 갖고 있다. 일본의 군사력이 공격형 군사력으로 변모하는데 가장 영향을 크게 미친 나라는 북한이고 이제는 중국의 위협 때문이라고 한다. 더욱이 아베 총리는 평화헌법 제9조를 개정하여 자위대에게 합헌적 지위를 부여하고 군사력을 본격적으로 증강시킬 수 있는 법적 토대를 마련하려고 하고 있다. 태평양 전쟁에서 일본의 항복을 받아내며 군사력을 절대 갖지 못한다 라는 평화헌법 제9조 조항을 만들어 일본 군국주의 망령이 되살아나지 않도록 족쇄를 채워 놓았건만 역사의 흐름이 그 족쇄를 끊어 낼 조짐이다. 그 족쇄를 끊도록 가장 앞장서는 나라는 모순되게도 그 족쇄를 채운 미국이다. 일본의 군사대국화는 북한이 먼저 앞장을 섰고 그 다음이 중국의 해군력 확장 그리고 미국과의 군사일체화에 의해 일본자위대는 점점 더 강해지고 있다.

필자는 교수생활을 하는 동안 여러 매체에 기고했던 시론을 묶어 [동북아 평화의 꿈]이라는 책을 출간한 바 있다. 장차 우리의 후손들이 피침의 역사를 반복하지 않고 살아가려면 동북아 평화를 한국이 주도해서 창출해 내야 하는데 이 책을 쓰고 있는 2018년 연말 현재, 일본과 중국의 군비경쟁은 날이 갈수록 치열해 지고 있다. 그 군비경쟁에 엄청난 돈을 쏟아 부을 경제력도 없는 대한민국이 최소한의 방어력을 손꼽는다면 잠수함 전력의 고도화와 미사일로 영토를 지키는 무기체계가 최소한으로 선택될 수 있겠다. 한국이 잘할 수 있는 사이버 전력을 극대화 시키는 방어전략이 그나마 돈 적게

들이고 투자대비 효과가 큰 군사전략이라고 볼 수 있겠다.

이 책에서는 일본자위대의 핵심 군사력 위주로 쓰여졌다. 핵잠수함 강대국들도 감히 범접할 수 없는 소류급 일본 잠수함, 북한 지도자 김정은 국무위원장의 동태까지 살필 수 있는 일본 첩보 위성 실력, 스텔스(Stealth) 전투기를 포착하는 일본 레이더 FCS-5, 중국 잠수함의 천적이라 불리는 대잠초계기 P-1, 세계 최고 성능의 전투기들인 F-15 200여대, F-2 전투기, F-35 전투기들로 무장된 막강한 항공전력, 신의 방패라 불리는 이지스(Aegis)함 8척 체제와 10기 체제의 첩보위성 실력은 북한 김정은 국무위원장이 현장 지도를 위해 행동하는 모습도 포착한다. 그리고 이지스함의 SM-3 미사일과 패트리어트-3으로 무장된 일본의 사드(THADD)가 이지스 어쇼아(Aegis Ashore)를 도입하면 3단계의 미사일 방어체제가 된다. 미국을 제외한 서방 국가에서 가장 값비싼 첨단 미사일요격 체제가 배치되는 것이다. 늘 잘 드러나지 않도록 감추는 일본 군사력의 실체를 돋보기로 들여다보는 마음으로 자료를 찾아 다녔다.

이 책이 나오기까지 가장 도움이 되었던 곳은 일본 최대 서점 중의 하나인 키노쿠니야 서점이었다. 일본자위대 각각의 무기체계에 매달리는 군사 매니아의 집필진들은 나에게는 일본말로 '다카라모노', 즉 보물이었다. 일본은 정보국가다. 수집한 정보를 기록해 책으로 남긴다. 나는 그 책과 자료들을 읽어 내기만 하면 되는 것이다. 일본 군사력을 연구한 학자로서 후학들에게 들려주고 싶은 말은 우선 일본어를 공부해야 하고 영어를 알면 더욱 좋겠다. 그리고 서점을 다니며 부지런히 발품을 팔면 어디에 무슨 자료가 있는가를 알게 되는 희열을 맛보는 날이 꼭 오게 된다고 말해 주고 싶다.

이 책이 "대한민국을 방어해야 하는 핵심적인 비대칭전력은 무엇일까?"라는 생각을 하게 하고 군비경쟁으로만 국력을 소진할 수는 없으니까 동북아 평화의 꿈을 실현하는 외교의 지평도 함께 넓혀지는 자료가 되었으면 한다. 미진한 부분이나 변화되는 일본의 군사력에 대해서는 차후 신문지상을 통해 계속해서 알려드릴 것을 약속드리며 서문에 대하고자 한다.

2018년 겨울

차 례

01

세계 최고 성능의
소류급 일본잠수함

세계 최고 성능의
소류급 일본잠수함

일본이 자랑하는 4,000톤급 소류급 잠수함의 특징은 탁월한 정숙성과 생존성이다. 소류, 즉 한자로는 蒼龍인데 동방의 바다를 수호하는 신이라는 의미를 지녔다. 제1번함이 2009년에 취역하고 10번함까지는 산소를 갖고 들어가 약 1개월 정도 물속에 숨어 있을 수 있는 비대기 의존성 엔진, 즉 AIP 엔진을 장착한 잠수함이고 빠르면 11번함, 계획대로 이루어지면 12번함부터는 전력공급을 리튬이온전지로 대체하게 되어 핵잠수함 이외의 잠수함 분야에서는 세계 최고의 성능을 자랑하는 일본이 된다. 리튬이온전지는 짧은 시간에 대용량의 전력을 축전할 수 있기 때문에 수중에서 적을 만나면 고속으로 회피기동이 가능하기 때문에 AIP 보다는 훨씬 유리하다. 단점으로는 발화 가능성이 지적되고 있다. 소류급 잠수함의 정숙성은 잠수함 앞 상단에 붙은 펠렛으로 흡음재가 붙어 있어 음향 스텔스(Stealth)성의 효율을 높인다. 선체바깥에 붙어 있는 흡음재가 있어 상대방이 음파를 발사하여 일본 소류급 잠수함을 추적하려 해도 음파를 흡수하고 소류급 자체에서 나는 잡음도 억제해 상대방의 잠수함들이 소류급 잠수함을 찾아내기가 참으로 쉽지 않은 강점을 갖고 있다.

소류급 이전의 재래식 잠수함은 물속에서 축전지의 전력을 사용하여 움직이기 때문에 단기간에 전력이 소진되어 잠항시간이 짧은 한계가 있었다. 그래서 비대기의존추진(非大氣依存推進)형, 즉 AIP(Air Independent Propulsion)을 도입하는데 AIP에도 여러 방식이 있다. 스터링엔진(SE: Stirling Engine), 연료전지, Closed Cycle 디젤엔진(CCD) 등이다. 그러나 연료전지는 발전효율이 낮고, CCD는 잡음발생이 크다. 그래서 소류형 잠수함은 스웨덴 해군이 채택하고 있는 SE시스템을 채택했다. SE기관은 디젤내연기관이 아니라 연소가 실린더 외부에서 이루어지는 외연기관이다. 기체는 따뜻해지면 팽창하고 식어지면 수축한다. 이러한 팽창과 수축의 순환작용으로 물체를 움직이는 원리가 SE다. 소류형 잠수함의 경우 함내에 탑재된 액체산소탱크의 산소와 케로신(등유)의 연소에서 발생하는 약 800도의 열을 열교환기로 헬륨가스로 전환해 가스를 팽창시킨다. 팽창한 가스를 바닷물로 냉각하면 가스는 수축된다. 이 팽창과 수축의 사이클로 피스톤을 가동시켜 잠수함을 추진시킨다. 앞서 언급했듯이 소류급 잠수함은 SE를 채택했기 때문에 뛰어난 정숙성이 자랑이고 재래식 잠수함의 치명적인 결점인 물속에 오래 있을 수 없는 단점을 극복하고 약 40일간 물속에서 작전을 수행하여 원자력 잠수함이 오히려 무서워 할 정도가 된다.

소류급 잠수함의 최대 특징은 잠수함 후미가 X타(舵)라는 점이다. 일반 잠수함의 방향타가 잠수함 머리 부분을 회전시키는 종타(세로타), 자세를 제어하는 횡타(가로타)인 십자형(+)으로 되어 있는 데 반하여 소류급은 X타 형태를 띠고 있어 방향타가 암초에 부딪히거나 손상을 입어도 나머지 방향타로 운전이 가능하기 때문에 생존성을 높였다. 그리고 십자형 보다 선회능력을 30% 향상시키는 데 성공한 잠수함이다. 잠수함 후미가 십자형인 잠수함은 항구에 정박할 때도 방향타가 항만 벽에 부딪힐 가능성이 더 커서 사고가 날 가능성이 높아 해저에 닿을 때도 십자형은 X타 보다 장치가 손상될 가능성이 크다. X타가 왜 일반 잠수함에 장치되지 않았는지에 대한 이유는 십자형 보다 X타형이 조종하기가 어렵기 때문이었다. 일본은 이 문제를 해결한 나라다. 소류급은 4기의 스털링 엔진을 장착하고 있어 약 1달 이상 물속에서 작전이 가능해 전지가 금방 닳아 버리는 일반 디젤 잠수함 보다 잠항 기간이 길어 수중 작전에 훨씬 용이한데 일본은 세계 최고를 자랑하는 리튬이온전지 배터리를 차기함에 장착할 계획을 갖고 있어 스털링 엔진을 없애도 장시간의 잠항 작전이 가능하게 될 것이다.

일본의 소류급 잠수함은 미국의 핵잠수함을 격침시킬 수 있을 정도로 성능이 우수하다. 일반적으로 핵잠수함이 고성능이지만 정숙성이 뛰어난 소류급은 미국도 두려워할 정도이고 중국과 러시아의 핵잠수함과 통상형 잠수함도 일본의 소류급 잠수함을 공포스럽게 생각한다. 일본이 자랑하는 소류급 잠수함을 보유하게 된 배경은 세 가지 이유가 있다. 첫째는 일본은 섬나라이기 때문에 오래전부터 해군력을 꾸준히 육성해 왔기 때문이고 두 번째는 미국의 해양전략의 일환으로 구소련 시절부터 소련의 핵잠수함이 블라디보스토크 항에서 태평양으로 나아가는 길목을 지키는 임무를 일본이 맡았기 때문이다. 세 번째는 일본은 지금도 매년 잠수함을 1척 퇴역시키고 새로이 건조해 오고 있기 때문에 잠수함 기술만큼은 그 어느 나라 보다 우수한 기술력을 보유하게 된 것이다. 군사력의 마지막 군사력이라 할 수 있는 잠수함 군사력이 세계 최고급인 일본은 가히 군사강국이라 평가할 수 있겠다.

세계 최고를 자랑하는 미국의 오하이오급 잠수함은 수중배수량 18,750톤으로 약 150명이 승선하는데 물속에서 사람이 더는 못 견디기 때문에 약 2개월간 수중 작전을 수행하는데 비상시에는 최대 3개월도 물속에서 작전을 수행하며 생활한다. 미국은 14척의 오하이오급 잠수함을 갖고 있는데 1척당 192발의 핵무기를 탑재하고 있어 그 어느 나라도 미국의 잠수함 전력에 상대할 국가는 없을 것이다.

일본이 잠수함 군사력을 여타의 군사력 보다 더욱 중요시하게 된 배경에는 제2차 세계대전에 당시 일본의 해상수송로가 미국잠수함에 의해 괴멸적 타격을 받은 것이 패전의 큰 요인으로 스스로 인식하고 해상자위대 발족 당시부터 대잠전이 매우 큰 과제로 인식되었다. 그러나 자위대이기 때문에 잠수함은 필요했지만 독자작전이 가능한 정도로 잠수함을 보유할 수 있는 상황이 아니었다. 그런데 미국과 소련간의 냉전이 발발하자 블라디보스토크에 재박(在泊)하는 소련의 함정들이 태평양으로 진출하는 길목인 소야(宗谷), 쓰가루(津輕),

쓰시마(対馬)의 3해협을 일본이 막으라는 미국의 요구에 의해 3해협에 각 2척의 잠수함을 배치하고 상황이 전개되어 잠수함이 증강되기 시작했다.

냉전이 종식되고 3해협 봉쇄작전의 직접적인 필요가 없어진 후에도 필요한 잠수함의 수를 산정하는 근거로서의 3해협 이론은 남겨졌는데 일본이 실효지배하고 있는 센가쿠 열도에의 중국의 위협 그리고 동지나해와 남지나해 특히 서사제도와 남사제도에 중국에 군사력을 요새화 하면서 이 지역에의 신속한 대응측면에서 잠수함의 증강이 요구되기 시작했다. 잠수함 16척 체제에서 22척 체제로 변환되는 이유다. 22척 체제는 평소의 정보수집, 경계감시, 정찰활동을 적절히 실행하고, 사태에 신속하며 매끄럽게 대응하며, 억지력의 신뢰성을 높이려 하는 [동적방위력] 구상이 제시되고 있다. 말만 자위대이지 공격성 군대로 소리 소문 없이 변모하고 있는 것이다.

잠수함 22척 체제는 '수중에 대한 정보수집, 경계감시를 상시로 일본 주변해역에서 광역에 걸쳐 실시하는 것과 동시에, 주변해역의 초계를 왕성하게 행할 수 있도록 증강된 잠수함 부대를 유지한다'라는 목적에서 수립된 것이다. 이 전략에서 강조되는 점은 [초계]라는 단어인데 유사시 적을 수색·탐지하고 공격하는 것도 포함되어 있다는 것이다. 당연히 정보수집·경계감시와 초계의 대상은 타국의 잠수함이다.

또한 초계에서는 수상함정과 잠수함이 당연히 대상이 되지만, 훈련용인 항모가 시험항해를 위해 출항하기 시작한 중국의 상황을 상정해 볼 때 마음만 먹으면 1척으로도 격침이 가능하다. 더욱이 잠수함은 장기간에 걸쳐 작전할 수 있고, 또한 항상 어뢰를 탑재할 수 있다는 점에서 경계감시를 하다가 돌연 공격명령이 내려져도 특별한 준비를 할 것 없이, 그대로 공격임무수행을 이행하는 것이 가능하다. 일본잠수함이 22척 체제가 되면서 중국 잠수함에의 대처가 한층 용이해졌다. 예를 들어 중국 잠수함대, 즉 북해함대, 동해함대의 잠수함은 남서제도를 통해서, 남해함대의 잠수함은 대만과 필리핀 사이의 해협을 통과해 태평양에 진입하게 되는데, 이때 일본의 영해 등을 침범하거나 태평양에서 일본의 국익을 침해하는 일이 없도록 경계감시를 하고 있다. 남서제도의 지도를 보면, 큐슈남단에서 대만까지의 거리는 열도선을 따라 약 1,200km나 된다. 그러나 지도를 자세히 보면, 남서열도에는 작은 섬이나 얕은 여울(浅瀬)이 많아 잠수함이 잠항한 채로 통과하기에는 어려운 점들이 예상된다. 특히 평상시를 상정하면 2004년 11월에 발생한 중국 한급 원잠의 영해침범사건과 같은 문제를 일으키거나, 얕은 해역에서 사고를 일으키지 않으려 하다 보니 자연스레 통과해역이 자체의 폭이 좁아 일본잠수함들의 길목 지키기는 더욱 쉬워진다. 대략적으로 추정해 보면 6척 정도의 잠수함으로 이 해역의 대잠경계 감시가 가능할 것이다. 마찬가지로 대만과 필리핀 사이의 해협을 보면 2척 정도로 대잠경계 감시가 가능할 것이라고 생각된다. 즉 총 8척의 잠수함을 상시 경계감시를 위해 배치해 두면 중국잠수함에 대한 경계감시는 가능할 것이라고 추정된다.

그러면 몇 척의 잠수함을 보유하면 상시 8척의 잠수함을 배치할 수 있을까? 일반적으로 잠수함의 운용 사이클은 정기적인 수리 기간, 수리 후의 응용적인 전술훈련 등의 훈련기간, 작은 고장 때문에 수리하는 시간, 승무원의 휴양, 그리고 목적 장소의 배치를 위한 왕복운행도 잠수함의 임무시간에 포함된다. 그러므로 잠수함의 근거지와 배치해역의 거리의 원근에 따라 그 비율이 좌우되는 측면은 있지만, 실질적으로 배치에 종사하고 있는 잠수함은 보유 잠수함 중 대체로 3분의 1이라고 한다. 따라서 8척을 상시배치하기 위해서는 대체로 24척이 필요하다는 계산이 된다. 그 때문에 방위력의 전력성 확보라는 의미도 포함해 보유하고 있는 연습잠수함 2척을 운용 척수에 포함하여 22척 체제, 실질적으로는 24척 이상이라면 상시 8척의 배치가 가능하다는 것을 알 수 있다. 따라서 일본은 24척 이상의 잠수함을 운용하는 잠수함 작전을 수행한다고 보아야 할 것이다.

여기서 유의해야 하는 점은 잠수함만으로 모든 대잠경계감시가 100% 달성할 수 있다는 것은 아니라는 점이다. 함정과 항공기, 혹은 위성 등의 각종 수단을 중층적으로 조합하는 것이 대잠작전에 있어 필수라는 점은 관계자에게 상식이라고도 할 수 있다.

현재 잠수함은 카와사키(川崎) 중공업과 미쯔비시(三菱) 중공업의 2기업이 교대로 수주를 받고, 각 기업이 2년에 1척의 속도로 건조하고 있다. 1척의 [소류]형 건조에는 복잡한 공사가 늘어나 바쁘게 서둘러야 겨우 5년만에 건조할 수 있는 상황이다. 잠수함을 건조하는데 우선 철강재를 가공해서, 예를 들어 잠수함 안쪽 부분이 되는 링 상태의 부재를 만든다. 이어 이러한 많은 부재를 인접한 지붕이 달린 공장에서 용접해 선체를 만들어, 추진기, 주전동기, 주 기계 등을 탑재해 물에 띄울 수 있는 상태가 만들어 진다. 이 조립 공사가 선대(船台)의 공사라 불리는데, 문제는 두 기업 모두 이 선대를 하나

밖에 보유하지 않고, 현재 선대에서의 작업에 2년의 시간이 필요하다는 것이다. 따라서 다음 잠수함을 선대에서 만드는 데 반드시 2년의 간격 필요하다. 즉 각 기업마다 보면 2년에 1척, 두 기업 합쳐서 1년에 1척의 잠수함을 건조하고 있는 것이 작금의 상황이다. 그러나 선대를 2개로 하거나 인원을 증원하면 잠수함의 증산은 더욱 빨라진다. 효율적인 잠수함 건조가 가능한가? 라는 점이다. 예를 들어 선대를 또 하나 증설하면 연 1척 이상의 속도로 잠수함을 건조할 수 있다.

최신의 [소류]급 잠수함의 정원은 65명이다. 16척 체제에서 22척 체제가 되면서 잠수함 승무원만 390명이 더 필요하다. 이와 더불어 증가된 2개의 잠수함대 사령부요원, 증가된 잠수함의 훈련지원에 필요한 대원, 증가한 대원을 교육하기 위한 교관의 증원 등을 고려하면 정원의 증가는 500명을 웃돌 것이라고 생각된다. 해상 자위대의 잠수함요원이 현재 약 2,000명이라는 점을 고려하면, 500명은 그 25%에 해당하기 때문에 정원급증의 영향은 매우 크다. 잠수함교육 훈련부대에서 교육을 막 받은 신인 잠수함 승무원은 갑자기 잠수함의 주요 배치에 오르는 것은 불가능하다. 잠수함에서의 승무원 경험을 쌓음으로써 점차 기량을 향상시킬 필요가 있다.

실제로 함장과 당직 직원을 지휘하는 초계장, 기관이나 통신이라는 특수직의 간부 등이 양성되는 데는 상당한 시간이 필요하기 때문에 잠수함 6척의 증가에 따른 잠수함 요원의 숙달도 기간은 향후 10년 정도의 긴 기간이 요구된다. 결론적으로 말하면 500명의 승무원 평균훈련시간은 약 5년이라는 계산이 나온다. 이것은 일반 승무원이 어떻게든 독립해 당직을 설 수 있는 연수이며, 당직원의 장으로서 부하를 지휘할 수 있을 정도의 경험연수는 아니다.

잠수함 6척의 증가에도 불구하고 잠수함 요원의 확충이 느려지고 있는 데 잠수함 요원의 양성은 입대교육 수료 직후부터 시작되지만, 정원증가에 의한 입대자의 증가가 없다면, 입대자 중에서 잠수함 요원으로서 선별될 사람들의 비율이 매우 높지 않다는 점이다. 그 이유는 입대자 중에서 잠수함의 적성을 갖고 있는 인재는 그다지 많지 않다는 점에서 잠수함 요원을 충분히 확보하는 것이 어려워지고 있는 것이다. 이 사정은 한국도 충분히 고려해서 전략을 세워야 한다.

일본은 16척 체제일 때 잠수함 평균연령이 7.5년으로 세계에서 함령(艦齡)이 가장 젊은 잠수함들로 구성되어 있다. 잠수함의 세계에서 잠수함의 능력을 판단하는 기준은 두 가지다. 그 중 하나는 함정연장 후에도 잠수함으로서 안전하게 충분한 활동이 가능한 함체를 확보하는 것이고, 다른 하나는 전투능력의 노후방지이다.

외국의 재래형 잠수함으로 30년 이상이나 취역하고 있는 예를 볼 수 있는데 금속재료의 물리적인 성질이나 잠수함의 일반적인 구조 등에서 추정할 때 잠항심도에서 제약을 받고 최대 잠항심도에 대한 잠입회수의 제한 등의 문제가 있다. 잠수함의 세계는 그 어느 무기체계 보다 비밀스럽기 때문에 그 고충은 짐작만 할 뿐이다.

그러나 일본에서는 그러한 제약이 전혀 없이 그 어떤 임무에도 사용할 수 있는 잠수함 운용을 원칙으로 하고 있고, 일부 운용상의 제약을 부과할 수밖에 없는 잠수함은 연습 잠수함으로서 교육훈련용으로 쓰고 있다.

또 다른 과제는 잠수함의 증세가 함령연장에 의해 이루어지기 위해서 발생하는 잠수함 성능의 노후화를 회피하는 것이다. 지금까지의 잠수함은 16년만에 퇴역시켜 신형 잠수함이 취역함으로서 성능 향상 방법을 취하지 않고 노후화의 회피가 가능했다. 잠수함의 세계는 기술이 하루가 멀다 하고 발전되고 있기 때문에 매년 1척씩 건조하고 1척씩 퇴역해 온 일본잠수함이 세계 무적이라 평가하게 되는 이유도 첨단기술을 매년 새로이 적용하고 있기 때문이다.

　잠수함의 운용주기는 수리, 훈련, 임무의 각 기간을 반복하고 있다. 그래서 16척 체제에서는 대체로 6척이 임무기간에 해당되며, 22척 체제에서는 그것이 8척이 된다. 운용주기부터 말하면, 상시배치 6척 체제든 8척 체제든 일정기간이 지나면 수리기간에 들어가고, 훈련기에 있었던 잠수함들이 그 뒤를 잇는다. 이 점은 16척 체제보다도 22척 체제 쪽이 임무기간에 들어가기 전의 잠수함 척수가 당연히 많다는 점을 알게 된다. 잠수함을 운용할 경우, 고장으로 인해 대체잠수함의 파견이 신속히 요구되는 있는 흔히 있을 수 있는 일이기 때문에 잠수함의 숫자가 많으면 많을수록 잠수함 작전에 유리하다.

　또한 정보수집 등 다른 작전을 수행할 필요가 발생하거나, 경계감시에 배치되었던 일부 잠수함을 그러한 임무에 투입해야 하는 사태가 발생할 수 있다는 점도 상정할 때 비교적 중요도가 낮은 해역의 잠수함으로 고장발생함을 대체하거나 혹은 다른 임무에 파견한다. 훈련 중인 잠수함 중에서는 숙련의 정도가 높은 잠수함을 대체 파견하는 조치가 우선된다.

이러한 점을 고려할 때 22척 체제가 됨으로써 대잠함의 후보가 증가하고, 취할 수 있는 조치의 선택지가 각 단계별로 증가하다는 점은 분명하며, 작전 운용상의 유연성이 증가될 것이라고 할 수 있을 것이다. 이것은 잠수함 운용상 매우 중요한 이점이다.

유사시에 있어 잠수함부대가 실시하는 초계는 일본을 지원하기 위해 오는 미국항모전투단에 대한 대잠위협의 감소와 일본에 위해를 줄 수 있는 적의 함선을 공격하기 위하여 실시하게 된다.

대잠위협을 감소하는 작전은, 예를 들어 큐슈에서 남사제도의 열도선 부근에서 수중에서의 경계감시작전과 이와 같은 요령으로 일본 잠수함이 적의 잠수함을 수색하고, 추격하고 어뢰로 공격하는 전략이 될 것이다. 그리고 섬과 섬 사이에 기뢰를 설치할 수 있는 가능한 장소에 기뢰를 부설하여 적 잠수함이 태평양으로 전개되는 것을 막는 조치도 실시하게 된다.

예를 들어 적의 항모전투단이 일본근해에 출현해 일본 선박이나 국토에 위협을 줄 수 있는 경우나 위성정보 등을 통해 적의 현재위치를 알 수 있다고 해도 기동력이 뒤떨어진 재래형 잠수함이 이를 쫓아 공격하는 것은 불가능하다. 그래서 적의 항모전투단의 행동이 예측되는 해역에 미리 잠수함을 복수로 배치하여 유사시에 대비할 필요가 있는데 그렇게 하려면 기동력은 좋은 잠수함이 많을수록 유리한 것이다. 원자력 잠수함이 없는 일본은 상대적으로 디젤잠수함과 리튬이온전지 잠수함을 발전시켜 이 분야에서는 일본이 세계 최고를 자부한다.

잠수함 22척 체제는 일본을 공격하려는 외국의 공격을 억지하는데 기여할 뿐 아니라 미일동맹의 강화에도 기여한다. 최근 활발한 움직임을 보이는 중국해군의 행동은 일본에서 미국령 괌에 이르는 해상수송로, 즉 중국이 말하는 제2열도선까지 확대되고 있다. 일본의 안전보장에 있어서도 미 해군 함정, 특히 항모전투단이 자유롭게 행동할 수 있는 것은 매우 중요한데 중국잠수함의 태평양 진출은 크나큰 위협이 되고 있다.

현재 미국 해군의 상황을 보면 냉전시대부터 대잠수함전

혹은 대잠경계함의 주력으로 활약하고 있는 것은 공격형 원자력잠수함(SSN)이지만 이 수는 1987년의 102척에서 2010년에는 59척으로 감소하고, 2030년에는 39척까지 줄어들 상황이다. 태평양함대에는 현재 30척이 배치되어 있지만 이 잠수함의 역할이 다방면에 걸쳐있거나 태평양에서 인도양까지 광대한 해협을 커버하고 있다. 지금의 SSN 척수로 미 해군이 단독으로 중국 잠수함에 대한 경계감시를 충분히 실시하기에는 역부족이다. 향후 지금보다 SSN이 감소해 가는 것을 고려하면, 미 해군이 중국해군의 확장, 활동의 활성화에 대응할 수 없게 되는 두려움이 있다. SSN이 부족해 이에 대처할 필요성은, 미 해군 자체가 강하게 느끼고 있으며, 미 해군관계자의 논문 등에도 나타난다.

이러한 환경하에서 해상자위대 잠수함 부대가 미 해군과 협력하면서 정상적인 대잠경계감시를 하는 것이 가능하다면, 그 자체가 일본 방위에 크게 기여할 뿐만 아니라, 미국에 있어서도 미 해군 SSN의 부담경감이라는 동맹 성과를 낼 수 있다고 두 나라는 판단하고 있고 미국과 일본의 군사일체화는 더욱더 가속화 될 것이다.

일본 군사력 중 가장 공포스러운 군사력은 일본의 잠수함 전력이라고 필자는 생각한다. 일본은 2011년부터 중국을 겨냥해 잠수함 16척 체제를 22척 체제로 증강시켜 연습함 2척을 포함해 공식적으로는 24척 체제 운용이라고 말하지만 16년만에 퇴역시킨 잠수함들이 다수 있어 유사시 운용 가능한 잠수함은 더 많을 것으로 추측된다. 일본 잠수함을 세계 최고의 비원자력 잠수함이라 평가하는 것은 야금(冶金)기술이 뛰어난 외국 잠수함과는 비교가 안 될 정도로 수심 500m에서의 작전이 가능하다. 그만큼 수압을 견디는 용접기술이 뛰어나다는 말이다.

이 책을 집필하고 있는 2018년 9월 17일자 아사히신문은 일본잠수함 [쿠로시오]가 남지나해에서 중국을 견제하는 극비 훈련을 시행했다는 기사를 게재했다. 9월 13일 중국이 군사 요새화하고 있는 남사제도 근해에서 중국에 대한 잠수함전을 대비한 훈련을 한 것이다. 잘 알려진 바와 같이 중국은 남지나해의 남사제도에 미사일기지, 활주로, 항만 등을 구축하고 미국이 주장하는 [항해의 자유]와 맞서며 해양세력을 확장하고 있는 상태다. 일본은 제2차 세계대전 이후 처음으로 잠수함을 일본 근해가 아닌 남지나해까지 파견했다. 2018년 8월 27일 잠수함 기지가 있는 히로시마현 쿠레(吳)기지를 떠나 동지나해를 거쳐 대만과 필리핀 사이에 있는 바시해협을 통해 남지나해로 진입한 것으로 알려졌다. 일본의 두 번째 전투형 항공모함인 가가와 2척의 구축함은 하루 먼저인 26일 나가사키현 사세보기지와 쿠레기지를 떠나 필리핀 주변해역에서 미국의 핵항공모함 로널드 레이건함, 필리핀 해군과 공동훈련하며 장기항해를 지속하고 있는 것으로 알려졌다. 잠수함 [쿠로시오]는 수상함정들과는 별도의 작전을 수행하고 9월 13일 공해상에 집결하는 훈련이었다. 구축함이나 대잠 헬리콥터의 음향탐지에 탐지되지 않는 훈련과 소리 없이 구축함에 접근해도 들키지 않는지에 대한 훈련을 수행했다. 9월 17일에는 베트남 중남부에 있는 남지나해 방어의 중요군사거점인 캄란베이에 해상 자위대 잠수함으로서는 사상처음으로 입항했다. 이는 중국을 견제하기 위한 일본과 베트남의 해양협력을 한다는 중요한 의미가 있다. 중국은 베트남으로부터 탈취한 서사제도에 지대공 미사일기지를 건설하고 베트남은 중국의 위협에 긴장하고 있는 상태다. 이번 훈련에서 중국해군의 군함을 파견하여 일본 항공모함과 구축함의 뒤를 추적하며 일본의 행동을 주시하고 일본으로서는 남지나해에 일본의 잠수함을 공식적으로는 처음 보냄으로써 남지나해 어딘가에 일본의 잠수함이 있을 수 있다는 간접적인 메시지를 준다는 의미가 큰 작전이다. 2018년 6월 일본과 중국은 공중과 바다에서 중국의 군사력과 일본의 군사력이 우발적으로 충돌하는 것을 예방하기 위해 핫라인(hot line) 시스템을 구축함으로써 서로의 안전을 도모하고 있다. 핫라인 시스템을 구축한 것은 그만큼 군사적 충돌 가능성이 점점 높아진다는 의미일 것이고 이 해역은 한국으로 들어오는 석유의 90% 이상이 이 해상수송로로 들어오기 때문에 한국의 안전보장을 위해서도 늘 관심을 기울여야 한다.

잠수함 작전은 모든 군사력들이 보안 사안이지만 가장 비밀스럽게 움직여만 하는 것이 잠수함이다. 그래서 공개된 자료를 통해 일본의 잠수함 작전 상황을 살펴보기로 하겠다. 일본자위대란 책을 집필하기 위해 일본에 건너간 일도 수십 회에 달하지만 상대적으로 가장 자료가 적은 분야가 잠수함이었다. 그만큼 잠수함은 군사력의 마지막 보루라고 생각하는 그 어느 나라 그 어떤 군대고 그러하듯이 잠수함 전력은 꽁꽁 숨겨 놓는다. 필자는 그 꽁꽁 숨겨놓은 자료를 부지런히 찾아다니며 학자의 수준을 벗어나지 않는 범위 내에서 공개된 자료를 바탕으로 일본 잠수함 전력을 추적해 보기로 한다.

잠수함 작전을 듣고 머리에 떠오르는 것은 바다에 숨어 어뢰를 쏜다는 정도다. 그러나 기본적인 임무는 실제로 그 폭이 넓다. 함선공격을 시작으로, 기뢰부설, 육상공격, 정찰·정보수집, 감시, 특수작전을 익숙하게 소화시킨다. 잠수함에서는 영화나 텔레비전에서 사용되는 경우도 많지만 현실과 동떨어진 드라마나 영화도 적지 않다. 이 때문에 잠수함 작전이 일반적으로 이해되어지고 있다고는 말하기 어렵다고 생각된다. 예를 들어 최근, 잠수함을 포함한 중국해군함정이 태평양에 진출했다는 뉴스를 접하게 되지만, 그것이 무엇을 의미하는가를 생각하기에는 잠수함의 작전에 관해 나름대로의 충분한 지식이 있어야 그 이해가 가능하다.

해상자위대의 최신예 [소류]형 잠수함이 비관통 잠망경(잠수함의 전투정보실에 많은 공간을 차지하던 잠망경 구역을 비관통식으로 전환하여 없애고 탐지영상을 직접 화면에 출력하는 방식)을 갖추고, 그것이 아주 짧은 시간 수면상으로 올라옴으로써 낮과 밤을 불구하고 모든 주변을 감시하고 확인할 수 있다는 지식을 접하면 잠수함이 외부를 [감시]하고 인식하는 것의 중요성이 어느 수준에 와 있는가를 알게 된다. 대잠항공기 등이 레이더에 의한 대잠수색을 하고 있는 중에 수면상에 잠망경을 올리는 위험성을 알고 있음에도 불구하고 이 잠망경은 100%는 아니지만 그런 위험에 크게 구애 받지 않는다는 것을 알게 되고 이 장비가 갖는 의미와 그 중요성을 보다 깊게

이해할 수 있을 것이다.

　잠수함의 임무를 분류해 보면, 대체로 함선공격, 기뢰부설, 육상공격, 정찰, 정보수집, 감시, 특수작전지원을 하는 것이 일반적이다.

　함선공격은 잠수함의 중요한 임무 중 하나로, 독자들에게는 제2차 세계대전 중 독일의 잠수함 U보트에 의한 구미(歐米) 선단의 공격 등이 익숙할 것이다. 이 사례에서 볼 수 있듯이, 제2차 세계대전까지는 어뢰도 수중음파탐지기도 발달되지 않았기 때문에, 함선공격이라고 하면 대상은 수상함선에 한정되었다. 잠수함이 잠수함에 의해 격침된 예도 있지만, 그러한 것들은 전부 수상운행 중에 격침된 것이며, 잠항 중인 잠수함이 잠수함 어뢰에 의해 격침된 예는 전혀 없을 것이다.

　그러나 현대에서는 잠수함의 수중음파탐지기도 크게 발달했고, 적의 잠수함이 움직일 때 내는 소리도 탐지, 식별가능하다. 또한 어뢰의 성능도 급격히 향상되었고, 수면상을 항주하는 함선을 탐지해 포착할 뿐만 아니라 수중을 3차원적으로 행동하는 잠수함을 탐지해 포착하는 능력을 갖추게 되었다.

이 때문에 현대의 잠수함에 의한 함선공격임무에서는 수상함선뿐만 아니라 잠수함도 공격의 대상이 된다.

다음으로 기뢰설치이지만, 이것은 문자 그대로 잠수함이 기뢰를 설치하는 임무이다. 잠수함에 의한 기뢰설치는 기뢰 탑재량이 적은 것부터 다량의 기뢰를 폭넓은 범위로 설치할 수 있는 수상함과 항공기에 의한 기뢰설치에 비해, 한정적인 효과밖에 없다. 그러나 함정 등에 의한 설치는 설치하는 함정 등이 탐지되기 쉽기 때문에, 기뢰설치가 된 것도 상대에게 인식되기 쉽고, 항행제한이나 소해정 등 기뢰에 대한 대책을 쉽게 세울 수 있다. 한편 잠수함의 경우에는 은밀히 기뢰설치가 가능하며, 첫 접촉상황이 발생하기까지 기뢰가 설치된 사실을 알 수 없다. 이 때문에 안전하다고 생각한 바다 해역에서 갑자기 우리의 함선이 폭침되게 되면, 불안감이 높아지는 등 심리적인 효과를 노릴 수가 있다. 잠수함의 기뢰설치는, 우리 해역에 적이 침입하는 것을 방지하는 방어적인 것이 아니라, 상대를 공격하고 심리적 압박하는 공세적인 작전장면에서 사용되는 경우가 많으며, 대단히 중요한 잠수함의 임무 중 하나이다.

육상공격은 탄도미사일이나 순항미사일의 발달과 함께, 잠수함의 중요한 임무로 되어 있다. 특히 잠수함 발사의 핵탄도미사일은 적의 핵에 의한 제1격에 살아남아, 확실히 보복공격을 하는 것을 보장하는 것이며, 상대국가에 핵 공격을 단념시키는 핵 억지전략의 중차대한 임무를 맡고 있다. 또한 잠수함발사의 비핵순항미사일은, 핵에 비교해 파괴력이 적고 고정밀이기 때문에 다른 피해를 주지 않고 노린 목표만을 확실히 파괴할 수 있으며, 쉽게 사용할 수 있는 무기로서 유용하다. 항공기 혹은 수상함정에서 발사하는 순항미사일도 이와 같은 기능이 가능하지만, 잠수함이 존재를 은닉한 채로 상대에게 근접해 실시하는 순항미사일 공격은, 해상이나 항공 공격의 우월성을 확보하고 있는 상황에서도 실시 가능한 작전이며, 발사 예측이 어렵다는 점에서 요격이 어렵다. 유일한 난점은 미국의 오하이오급 SSGN과 같은 덩치가 큰 잠수함을 제외하면, 미사일탑재량에 한계가 있다는 점이다.

정찰은 상대의 정황을 탐지하기 위한 것이지만, 잠수함의 잠망경을 올려도 그 높이는 낮아 근거리밖에 보지 못하기 때문에 잠수함의 잠망경에 의한 정찰 효과는 정찰위성이나 무인정찰기와는 비교해가 안 될 정도로 빈약하다. 또한 상대의 활동에 의해 발생하는 전파를 탐지하는 능력도, 잠수함에서 내는 안테나의 종류가 한정되고, 그 높이도 낮기 때문에, 전파수집 항공기나 전파수집위성 등에는 뒤떨어져 있다. 이러한 점에서 잠수함 스스로가 직접 행하는 정찰의 유용성은 크게 저하되고 있다.

단 하나, 잠수함에 의한 정찰이 유용한 점은, 위성 등과 달리 그 존재를 은닉한 채로 지속적으로 정찰할 수 있기 때문에, 다른 수단으로는 얻지 못하는 수중음향이나 전파, 목시(目視)정보 등을 얻는 경우가 있어, 그 경우에는 그러한 정보를 종합적으로 모아서 상대부대의 상황을 확정가능한 점이다. 다만 잠수함의 능력적인 한계에서 그러한 기회는 많지 않고, 잠수함 스스로가 직접 행동하는 정찰의 의미는 별로 없다. 잠수함에 의한 정찰로서 향후 기대할 수 있는 것은, 수중무인기(UUV)나 소형의 저 코스트(cost)인 무인항공기(UAV)를 잠수함에서 발사하여 실시하는 정찰일 것이다. 예를 들어 타국에 점거된 이도(離島)를 탈환하는 작전을 생각할 때, 상대가 방어하기 위해 부설된 기뢰원의 위치를 알지 못하고 작전을 세우는 것은 불가능하다. 이와 같은 경우에 소해정을 파출하는 것은 이쪽의 의도를 알리는 것이 된다. 또한 소해정의 안전이라는 문제도 발생한다. 이 점에서 기뢰탐지능력을 갖는 UUV를 사용하면 상대에게 이쪽을 알리지 않고 안전하게 기뢰원을 특정할 수 있다. 더욱이 국지적인 상황을 저공에서 정찰하고 싶을 경우에 잠수함 발사의 소형무인정찰기를 사용하는 것은 충분히 고려할 수 있다. 이러한 점에서 스스로의 존재를 은닉하고 이러한 기재를 사용하는 잠수함의 정찰은, 향후 중요성을 증가시킬 것이라고 여겨진다.

정보수집이라는 것은 특정 지역에서 발생하는 군사 활동 등의 상황에 관한 정보를 수집하는 것이다. 잠수함에 의한 정보수집의 이점은, 상대에게 그 존재를 알리지 않고 실시할 수 있다는 점이다. 예를 들어 연습이나 무기의 시험 중에 정보수집함이 다가왔을 때에는 불필요한 전파를 내지 않고 훈련을 위한 무기사용도 하지 않는 것은 상식적인 대응일 것이다. 그러나 주변에 그러한 함정, 항공기가 존재하지 않는다고 생각했을 때에는, 자유롭게 연습이나 시험을 할 수가 있다. 그 때 이쪽의 잠수함을 탐지하지 못하고 근처에 있다면, 미사일의 유도전파, 어뢰나 잠수함의 소리 등, 전술적으로 가치가 높은 정보를 수집 가능할 가능성이 있다.

다만 잠수함이어도, 예를 들어 연습 해역에 너무 가까워지면 상대 부대에 탐지될 가능성이 있어, 자연히 가까워지는 거리에는 한계가 있다. 요즈음은 정찰 같은 UUV 등을 사용하는 것 보다, 보다 근거리에서의 정보수집이 가능해져서 지금까지 보다도 훨씬 수월하게 중요한 정보수집을 할 수 있다. 이 분야는 향후 더욱 발전할 것이라고 예상되어, 정보수집은 앞으로도 잠수함의 중요한 임무 중 하나로서 남게 될 것이다. 재래식 잠수함에 의한 감시는 속력, 수중지속력의 점에서 제약이 크다. 수상함정이나 항공기는 레이더를 이용해 폭넓게 감시하고, 지속감시의 필요가 있는 목표를 발견하게 되면 그 목표를 추적하면서 계속된 감시를 할 수 있다. 그러나 수중지속력에 뒤쳐진 재래식 잠수함이 보다 빠른 속도로 이동하는 수상목표를 추적할 수 있는 것은 매우 짧은 시간이며, 실질적으로 어렵다. 따라서 잠수함에 의한 감시는, 어느 지역에 있어 대상함정이나 항공기 등의 활동을 감시하고, 필요한 경우에 그 상황을 보고하는 형태로 남게 되고 위험 해역을 빨리 빠져 나오는 것이 유리하다. 수집된 정보는 즉시 다음 작전에 사용하는 것 보다, 수집된 정보를 모으고 분석된 다음에 앞으로의 작전에 사용하는 것을 목적으로 하고 있다.

잠수함에 의한 특수작전 지원이라는 것은 특수임무 부대를 잠수함으로 수송하고, 목적지 근해에 내보내는 임무이다. 이 임무에 대한 필요성은 제2차 세계대전부터 있었다고 생각되지만, 수중호흡기의 출현은 제2차 세계대전 말기로, 그 때까지의 잠수함은 충분한 장비를 갖추지 못했기 때문에 물 위로 떠올라 이 작전을 실행할 수가 없었다. 그러나 전후의 수중 호흡기의 보급과 함께 잠항 중인 잠수함에서 특수부대가 출격할 수 있는 장비가 개발됨으로써, 수중 스쿠터 등의 개발로 인하여 특수부대의 기동력도 향상됐다는 점에서, 잠수함이 부상해 그 존재를 알리지 않아도 작전이 가능하게 되었다. 최근에는 이 능력을 보유하는 잠수함이 전 세계에 증가되고 있다. 잠수함이 잠항상태인 채로 특수부대를 출격시키는 장치는, 간단히 말하자면 특수부대와 그 장비품을 격납할 수 있는 잠수함의 구획이다. 이 구획은 밸브의 조작으로 구획 안에 해수를 가득 채우거나 배수하는 것이 가능해졌다. 출격한 특수부대는 이 구획에 들어가 해수를 가득 채우고 함 밖으로 나가는 해치를 열어 드나들 수 있게 된다.

그러나 이 구획을 갖는 것만으로는 특수작전 지원능력으로서 충분하다고는 할 수 없다. 잠수함은 정지상태에서 해면 근처에 있어야 할 필요가 있으며, 통상 잠수함은 항해하면서 방향타를 사용해 심도를 유지하기 때문에, 정지상태에서의 심도유지는 매우 어렵다. 특히 해면 근처는 심하게 너울거리는 영향을 받기 때문에 통상의 배수만으로 심도를 유지하는 것은 거의 불가능하다. 따라서 잠수함을 해면상에 노출시키지 않고, 안전하게 특수부대원을 출격시키기 위해서는, 일반적인 주배수 장치가 아닌 특수 심도 유지 장치를 갖추는 것이 바람직하다. 미 해군 잠수함은 이러한 장치를 보유하며, 그 원형은 제2차 세계대전 당시 일본제국해군 잠수함이 설치했던 자동현적(懸吊)장치에 있다고 할 수 있다.

잠수함의 작전은 다른 부대의 작전과 마찬가지로, 단독으로 계획되는 일은 거의 없다. 그 작전이 전쟁 중 이루어질 경우에는 전쟁의 목적에 기여하는 전략 속에서 그것을 구성하는 것으로서 계획되어, 달성해야만 하는 작전목표가 주어진다. 그것은 예를 들어 적의 해상교통로를 파악하던가, 적의 상징적인 수상 전력인 항모를 격파해 적의 해상우세에 타격을 준다고 하는 것이다. 이 작전목표에서는 전체 전력과의 관계에서 달성시기 또는 설정시기가 일반적으로 수반된다. 또한 잠수함부대 전체를 보면, 오직 하나의 전략만을 실시하는 일은 적고, 작전의 대소, 우선순서의 차이라는 점은 있어도, 2개 이상의 작전을 병행 실시하는 것이 당연하다.

작전의 세부사항을 더 살펴보면, 해상교통 파괴처럼 일정 수의 잠수함을 장기간에 걸쳐 해상에 유지할 필요가 있는 작전에서는 잠수함의 교대를 가장 중요하게 염두에 두어야 한다. 한편, 항공모함 등 특정의 목표 격파를 노릴 경우에는 작전기간이 짧다고 추정되기 때문에, 교대함정의 배치가 중요하기 때문에 그 기간에 필요한 수의 잠수함을 집중시키는 일에 노력을 집중시켜야 한다.

이러한 것들을 종합해 검토하면 일정기간마다 필요한 잠수함의 수를 추측할 수 있기 때문에 작전의 준비로서는 기간마다 운용 가능한 잠수함의 수를 확보하는 것이 필요하다. 그래서 일본은 표면적으로는 최소한 잠수함 22척을 결정했고 매년 1척씩 퇴역시키기 때문에 24척 내지 30척의 잠수함 운용도 가능하다고 추측되어진다. 체제잠수함 수의 확보에는 잠수함의 건조 속도도 대단히 중요하다. 예산확보와 건조시간도 고려해야 적정한 규모의 잠수함 수를 확보할 수가 있는 것이다. 요즈음은 잠수함의 건조도 다른 공업제품의 제조처럼 수요에 맞게 최적화된 설비와 인원으로 이루어지기 때문에, 빠른 증산을 위해서는 설비의 확장과 기술자의 증원이 필요하다. 그러나 설비확장에도 기술자의 양성에도 시간이 필요하기 때문에, 빠른 증산이 생각되어진 대로 이루어지지 않고 일반적으로 시간이 늦추어진다. 따라서 증산을 준비하는 반면, 현재 건조 중인 잠수함의 건조기간 단축, 수리기간 단축과 수리 후의 훈련기간 단축, 혹은 퇴역예정 잠수함의 연장, 더욱이는 수리시기의 변경 등으로 기간마다 필요한 운용할 수 있는 잠수함의 수를 확보하는 것이 작전준비의 중요한 요소가 된다. 제2차 세계대전 후의 전쟁에서는 전력 증대의 틈도 없는 단기간에 격렬한 전투가 일어나 전쟁의 귀추가 결정되었다. 이러한 점을 고려하면, 기본적으로 소유하고 있는 잠수함의 범위 안에서 여러 조정을 한 뒤, 소요기간에 필요한 수의 잠수함을 확보할 수밖에 없다는 것이 현실일 것이다.

잠수함 작전 중 함선공격은, 예를 들어 해상교통 파괴의 경우에는 해상교통로가 공격된 것만으로 국민들이 동요할 수 있고, 철저한 파괴에 이르기 전에 정치적인 성과를 얻을 수 있을지도 모르지만, 기본적으로는 적국 해상수송량을 적국이 견딜 수 있는 한계 이상으로 물리적인 압박을 할 필요가 있다. 그렇게 하기 위해서는 적국이 필요로 하는 최저 수입량을 생각해 그 최저 수입량을 실현하기 위해 필요한 선박의 수를 산출하게 된다. 적국이 보유하는, 혹은 이용할 수 있는 선박 수와 필요선박 수의 차이가 최저한으로 필요한 격침 수이지만, 전쟁 중에 관한 상선의 건조나 타국으로부터의 구입 등까지 고려하면, 필요 격침할 숫자는 더욱 늘어난다. 이 격침 수를 구체적인 목표로서 설정할 필요가 있다. 예를 들어

또한, 항모의 격침이 작전의 최종목표일 경우, 우선 항모격침에 필요한 어뢰 수를 검토할 필요가 있을 것이다. 예를 들어 4개의 어뢰를 명중시킬 필요가 있다는 결론을 얻게 되면, 이것을 구체적인 목표로서 앞으로 검토를 하게 된다.

이처럼 함선 공격에서도 작전 목표를 설정하는 것이 최우선시 되는 작전 목표다. 구체적인 목표가 결정되면, 이어 그것을 실현하기 위해 필요한 잠수함의 배치를 고려하게 된다. 해상 교통 파괴를 예로 들면 주요한 해상수송 루트와 그 지리적인 특징을 생각해 상대에게 발견되기 쉽고, 공격된 후의 피난행동이 쉬운 장소 등의 기준으로 잠수함의 배치를 정하는 것이 기본일 것이다, 그리고 격침 수의 목표를 달성할 수 있도록 주요 수송 루트에 종심(縱深)배치하는 것과 동시에, 배치장소가 고정되어 상대방의 대잠소탕작전에 휘말리지 않도록 시간과 더불어 배치장소를 이동하는 등의 생각도 필요하다.

항모공격의 예로, 잠수함을 넓은 해역에 분산 배치했을 경우에는, 항모전투단이 빠른 속도로 빠져 나갈 가능성이 있기 때문에 극한 해협 등의 지리적 초크포인트(choke-point)를 이용하여 배치하는 것을 생각해 볼 수 있다. 상대측에 있어서도 이것은 충분히 예상 가능한 사태이며, 사전에 엄중히 대잠소탕이 예상된다는 점에서 역공격을 당할 가능성도 염두에 두고 소탕 회피도 염두에 둔 해역선택이 필요할 것이다. 물론 기다리던 해협이 아니고 다른 해역을 통과하는 것도 예측되기 때문에, 계획 단계에서는 가능성 있는 해역에 비교적 넓게 잠수함을 배치하는 것이 기본일 것이다. 또한 임시적으로 4개의 어뢰명중 이라는 목표를 설정했다면, 1척의 잠수함에서 여러 번의 명중을 기대할 수 있을 것인지 고려하고, 아니면 2척의 잠수함이 항모에 어뢰발사가 가능한지를 판단하여 잠수함 배치를 하게 된다.

더욱이 항모는 대잠함정 및 항공기로부터 극진한 보호를 받고 있다는 점에서, 어뢰발사지점에 도달하기 이전에 잠수함이 격침되는 것도 충분히 있을 수 있다. 따라서 잠수함이 어뢰발사지점에 도달 가능한 확률을 고려하고, 예를 들어 2척에서 어뢰발사를 하기 위해, 몇 척의 잠수함이 항모전투단과 접촉하게 되면 좋을 것이라고 생각하며, 필요한 수의 잠수함을 배치할 필요가 있다.

잠수함에 배치하는 점에서 체제할 수 있는 기간은 한정되어 있다. 잠수함에 실을 수 있는 식량 등의 한계도 있을지 모르지만, 가장 유의해야 할 것은 승무원의 피로다. 긴장상태가 장기간에 걸쳐 지속되면 피로 때문에 판단 실수를 범할 가능성이 높다고 예상된다. 특히 적의 해상우세가 확립된 해역에서는 긴장감도 높고, 판단 실수가 바로 잠수함의 손실에 연결될 수밖에 없다. 그러므로 배치 잠수함은 적당한 간격으로 교대시켜, 승무원의 심신을 기운 차리게 해야 할 필요가 있다.

또한 전시 중에 배치 잠수함은 언제나 안전하다고는 할 수가 없다. 어떠한 이유에서 적의 대잠초계부대에 포착되어, 격침될 위험성은 적어도 작전 목표달성에는 큰 영향을 줄 것이라고 생각된다.

그리고 배치된 잠수함을 잃어 버렸을 경우에는 그 빈자리를 채우기 위한 잠수함을 새롭게 배치할 필요가 있다. 더 구체적으로 말하자면, 잠수함에 어떠한 고장이 발생해 전선을 이탈할 수밖에 없을 경우도 충분히 생각해, 교대 잠수함을 출항시킬 수 있는 가능성은 항상 존재한다. 그렇기 위해 사전에 정기적인 교대와 불시의 교대에 준비된 예비함의 준비 등, 잠수함의 로테이션(Rotation) 계획을 작성하고 사태진전과 함께 이를 갱신해 갈 필요가 있다.

잠수함이 작전 명령을 받게 되면, 연료, 무기, 식량 등을 싣고 출격에 준비하지만, 이때 잠수함에 배치해역의 정보를 가능한 한 많이 전달하는 것이 중요하다. 그렇게 함으로써 잠수함은 만날 수 있는 상대의 함선, 항공기, 행동해역의 특징 등을 다시 한 번 승무원에게 철저히 주지시키고, 필요한 사전훈련도 실시할 수 있다. 또한 아군부대의 작전 상황, 관련된 작전계획 개요 등의 정보도 출격하는 잠수함이 현장에서 조우할 수 있는 여러 사태를 정확히 판단하는데 중요하다.

이러한 여러 준비를 갖추고 잠수함은 자신의 배치해역으로 출항하지만, 출항 경로는 아군의 해역에서 점점 적의 위협이 높아지는 해역을 통과하게 된다.

여기서 주의해야만 하는 한 가지는 잠수함이 출항해 가는 것을 가능한 한 비밀로 해 두는 것이다. 최소한의 아군부대에게 잠수함의 행동을 통지하는 것은 피할 수 없는 것이라고 생각되지만, 실제 행동에서는 적도 그렇고 아군도 알 수 없게 하는 것이 중요하다. 적과 아군의 식별을 위해 아군으로부터 답변하지 않는 상황이 발생한다면 가까이에서 움직일지도 모르는 적에 대해 아군의 잠수함이 작전을 실행하고 있을 지도 모르는 상황일 수도 있다.

무사히 배치해역에 도착한 잠수함은 목적인 잠수함을 기다
린다. 이때 상급사령부 등으로부터 배포된 목표에 관한 정보
는, 숨어 있는 위치를 결정하거나, 충전의 타이밍을 모색하는
데 매우 중요한 시간이다.

단순히 생각하면 잠수함은 목표의 위치정보를 이용해 적의
과거 경로 연장선상에서 기다린다면 조우할 가능성이 높을
것이다. 그러나 대잠위협이 예상되는 해역을 항행하는 상대
함선은, 당연히 자주 경로를 크게 변경해 잠수함의 기획을
방해하려고 할 것이다. 이 때문에 각각의 잠수함은 상당히
원거리에 있는 적의 함선이 경로변경을 할 때마다 대적위치
를 크게 변경하는 것이 아니라, 어느 정도 다가가 자신의 배
치해역을 통과할 것이라고 판단할 수 있을 경우에, 틀림없이
맞닥뜨리도록 대적위치를 조정하게 된다.

하지만 목표인 함선보다 속력이 느린 재래식 잠수함은 적
의 함선이 배치해역에 들어오기 직전에 크게 변경했을 경우
에는, 어뢰 사정거리 안에 적군을 포착할 수 없을 경우가 발
생한다. 이것은 기동력에 뒤처진 재래식 잠수함에 있어 피할

수 없는 사태로, 작전은 이를 전제로 할 필요가 있다. 즉 상급사령부는 적 함선의 행동이 어느 정도 예상한 시점에서 당초의 배치해역을 수정하는 바람에, 상대의 경로변경 등에 의해 1척이 공격이 실패해도 다른 잠수함이 공격할 수 있도록 배치할 필요가 있다. 특히 항모전투단에 의해 고속 또는 유연한 운동을 할 함정을 상대할 경우에는 이조차 꼼꼼히 배치해역의 재조정을 할 필요가 있다.

항모전투단처럼 상대가 분명할 경우에는 문제가 없지만, 상선이나 함정이 단독 또는 소수로 이동할 경우의 공격에 대해 걱정하는 것은 공격 상대가 확실히 적이라는 것을 확인하지 않으면 안 된다는 점이다. 적이 아니고 중립국가의 함선을 공격하는 것은, 정치적으로 매우 중대한 실수가 되며, 경우에 따라서는 중립 국가를 적으로 돌릴 수 있게 된다. 예를 들어 북한의 잠수정이 한국 초계함을 격침한 사건에 대해, 이것이 미국 함정에 대한 착오 공격이라고 하면 미국의 여론에 영향은 상상을 초월하게 되며, 북한에 대한 무력 공격을 초래하는 사태가 되었을 것이다. 이러한 것을 상정해 보면, 잘못된 상대를 공격하는 것의 중요성을 쉽게 알 수 있을 것이라고 생각한다.

그러면 잠수함은 어떻게 상대 국가의 함선의 확인을 하는 것일까? 위성정보 등이 있기 때문에 안전하지 않은가? 라는 것은 아무래도 안이한 생각이다. 예를 들어 부근에 대잠초계기가 활동하고 있을 경우에는 위성 안테나를 사용하기 어렵거나, 상황에 따라서는 다목적위성을 수신하는데 한계가 있다. 또한 정찰위성 등은 넓은 해역을 커버하거나, 특정 목표에 대해 연속적으로 탐지정보를 송신하는 것은 어렵기 때문에 다목적 정보를 간헐적으로 밖에 얻을 수밖에 없다. 따라서 잠수함이 탐지한 목표와 위치정보에 표시된 목표가 동일하다는 완전한 보증은 없다는 생각이 좋을 것이다. 음문(音紋)을 조사하면 좋을 것이라고도 생각되지만, 그것이 가능한 것은 동일한 함의 음문의 정보를 얻었을 경우이며, 수리 등으로 기기를 교체했을 경우에는 음문이 틀리는 경우도 있다.

또한 상선 등에서는 음문의 데이터 자체가 없다는 점도 생각해야 한다. 더욱이 음문의 판정에는 높은 기량이 요구되며, 실수가 발생할 가능성이 없다고는 할 수 없다. 이렇게 보면 음문만으로 상대가 적국인 공격목표라고 판정하기에는 위험이 따른다. 따라서 궁극의 판정은, 앞에서 언급한 위성 정보, 음문정보 등을 병용한 다음, 적국의 함선이 어떤 전파를 발신한다면 이것도 사용하면서, 잠망경을 사용해 목표를 자세히 관찰해야 한다. 이처럼 주의를 기울여 조사해도 상대가 적이라고 확인할 수 없다면 공격은 멈출 수밖에 없다.

이러한 번거로운 절차를 생략하는 방법이 없지는 않다. 그것은 어느 해역을 지정해, 그 해역으로 오는 함선은 그 종류에 상관없이 격침할 것이라고 선언하는 것이다. 그러나 이 방법은 국제적인 공해 사용을 제약한다는 선언이기 때문에 전쟁 중이라고 해도 가볍게 선언할 수 있는 일은 아니다.

전투함정이나 항공기로 호위된 중요한 함선을 공격할 경우, 적국 함선이라는 확인은 비교적 쉽다. 이 경우의 문제는 적의 호위함정에 의해 잠수함이 탐지, 공격될 리스크가 크다는 점이다.

호위함정은 일반적으로 잠수함이 어뢰를 발사할 수 있는 거리를 고려해, 피호위함정에서 그 이상의 거리를 유지하도록 진형을 유지하고 있다. 또한 그 진형을 강화하기 위해 진형의 경로전방과 주변을 초계기로 살펴보는 경우도 많다. 따라서 잠수함이 중요한 선박을 공격하기에는 호위함정이나 초계기의 진형을 넘어, 그 안으로 들어가 처음으로 중요한 목표에 어뢰발사가 가능하게 된다. 그러나 쉽게 진형 안으로 들어갈 수 있게 됐다는 것은 상대방 호위함정들이 제대로 역할을 하지 못하고 있는 것이고, 역으로 상대방 호위함정들이 경로 전방을 수색하는 항공기의 탐지, 그리고, 호위함정들로 이루어진 전방 전개 진형이 탄탄하면 매우 높은 확률로써 아군의 잠수함을 탐지 가능한 형태에서 호위를 하고 있다는 것은 분명하다. 이에 대해 아군 잠수함이 취하는 전술은, 바다 속에서 소리의 굴절 또는 해저 지형에 의한 음의 반사, 스스로의 움직임을 사용해 상대방 호위 부대 탐지확률을 낮추고, 진형 내부로 침입할 수 있는 확률을 높이는 것이다.

바다 속에서 음속은 해수의 온도, 염분, 깊이 등에 의해 변화하고, 바다를 표면에서 해저로 향한 음속으로 구분해 보면, 몇 층인지 알 수 있다. 그리고 소리가 그 층을 통과할 때, 굴절이나 발사가 일어난다. 각 층의 두께나 음속은 계절이나 해역에 따라 크게 다르기 때문에, 이 굴절과 반사는 해역에 따라 다르고, 소리가 전해지는 방법이 크게 달라진다. 또한 해저의 지형이나 해저가 진흙인지 돌인지에 따라 소리의 전파에 큰 영향을 준다. 이러한 현상을 전술적으로 보면, 잠수함의 발생하는 소리가 호위함정에 도달하기 어려운 장소나 깊이를 선택하게 된다. 따라서 잠수함이 진형에 침입하려 할 때에는 이러한 깊이나 해역을 선택해 탐지를 피한다. 이처럼 작전해역의 해양상태를 숙지하는 것은 잠수함 전에 있어서도 대잠전을 하는 경우에도 매우 중요하며, 중국의 해양관측함이 일본 주변해역의 조사를 하는 것도 이러한 이유 때문이다.

잠수함 스스로의 운행에서 피탐지(被探知) 확률을 낮추는 방법도, 역시 음향을 이용한다. 호위부대의 대잠수색 센서는, 주로 패시브(passive), 액티브(active) 음향센서로, 패시브에 대해서는 잠수함이 저속으로 정숙히 움직이는 소리를 포착하는 것이며, 액티브는 소나 소리의 반사가 줄어드는 태세를 취하는 것으로, 탐지 확률을 저감시킬 수 있다. 또한 액티브 소나는 일반적으로 목표로부터 반향음(反響音)의 도플러(원래 주파수와의 차이)를 조사해 움직이는 목표를 식별하는 기능을 갖고 있기 때문에, 도플러를 발생시키지 않는 움직임이 효과가 있을 경우도 있다.

이러한 전술을 통해 진형 내부로 침입할 수 있으면, 중요한 목표를 포착하고, 어뢰를 발사하는 것은 비교적 쉽다. 과거에는 호밍어뢰에서 함정을 방어하기 위한 TMC(Torpedo Counter Measures)가 발달하고 있다는 문제도 있었지만, 유선 유도어뢰를 확실히 사용함으로써 상당한 효과를 냈다고 생각한다.

호위를 받는 중요 함선을 공격할 경우에는 수상함정이나 항공기와의 협동공격도 가능하다. 중요한 선박을 호위할 때, 호위부대는 적의 항공기가 진입 가능한 해역에서는 대공경계를 엄중히 하고, 잠수함의 행동이 예측되는 해역에서는 잠수함에 대한 경계를 강화한다. 이것은 적의 출현에 신속하고 조직적인 대응을 하기 위함이다. 그러나 미사일과 같은 대공위협과 잠수함의 위협이 동시에 존재할 때의 대응은 복잡하지 않을 수 없다. 한 진형에서도 항공기의 위협이 있을 경우에는 미사일의 사정거리나 함정 상호의 커버 등을 고려한 것에 비해 잠수함의 위협에는 각 호위함정의 대잠탐지 거리를 고려하여 진형 안으로 잠수함을 침입시키지 않으면 안 된다. 그 때문에 한 진형에 침입하면 대공위협에도 대잠위협에도 완전히 대응할 수 있다.

따라서 아군의 함정부대와 항공기 부대가 미사일공격을 하는 시각에 잠수함의 공격이 가능한 환경은, 호위부대가 미사일 방어를 위한 움직임을 시작해 대잠경계가 허술하게 된 틈을 타 진형의 돌파, 피호위함정 등에 대한 어뢰공격을 할 수 있을 가능성이 높다. 또한 잠수함의 공격에 조우해 대잠전으로 이행한 호위부대에 대해 함정과 항공기로부터 미사일 공격이 가능하다면, 대공진형이 무너지기 때문에, 미사일 공격에 대한 방어력은 저하되고, 그 결과는 단독의 미사일 공격보다 클 것이라고 기대할 수 있다.

그러나 협동공격의 현실에는 문제도 있다. 그것은 잠수함의 기동력의 약점이며, 협동공격의 시간에 잠수함이 늦지 않을 것이라고 할 수 없다. 잠수함이 기다리는 해역에 적의 부대가 협동공격 시간보다 빨리 도착했기 때문에, 어쩔 수 없이 빨리 공격하는 일도 일어날 수 있다.

2018년 10월 18일 니혼게이자이 신문을 보면 일본이 남지나해에 잠수함을 파견한다고 공표하고 있다. 이는 미국이 중국의 남지나해 장악을 저지하기 위한 잠수함을 포진하고 있는 데 그 일부의 역할을 일본에게 맡긴 것이라고 그 기사를 쓰고 있다. 약 80척의 중국 잠수함에 비하여 22척 잠수함을 갖고 있는 일본은 정숙성 측면에서 감히 중국이 따라 올 수 없다고 자신감을 펼칠 만큼 일본은 잠수함 군사력에서 미국과 어깨를 견주는 실력이다.

중국 잠수함의 천적
일본 대잠초계기 P-1

중국 잠수함의 천적
일본 대잠초계기 P-1

대동아 공영권 대잠초계기라 불리는 일본의 대잠초계기 P-1은 항속거리가 8,000km에 달한다. 그렇게 멀리 날을 수 있는 대잠초계기라서 대동아 공영권 대잠초계기라 불린다. 해상자위대는 미국 다음으로 세계에서 많은 대잠초계기를 보유하고 있는데 미국의 대잠초계기 P-3C 보다 이론의 P-1 초계기가 성능이 우수하다. 대잠초계기의 교체기에 있어 미국산 대잠초계기 P-3C와 일본산 P-1 대잠초계기 종류를 모두 보유하고 있다. 미국산 대잠초계기 P-3C가 모두 퇴역하게 되면 일본산 P-1으로 모두 교체될 예정이다. 일본은 독자적인 P-1 대잠초계기를 개발하기 이전에는 미국의 P-3C 대잠초계기를 무려 100대 이상을 보유하고 있었는데 이는 작전

영역에 비해서 보유량은 세계 1위였다. 그만큼 일본은 섬나라이기 때문에 일본을 철통같이 방위하겠다는 반증이기도 하다. 그런데 일본이 여타의 국가와 달리 대잠초계기가 유달리 많은 이유는 무얼까? 그 이유는 태평양 전쟁 중 겪었던 악몽 때문이었다. 동남아시아의 자원을 확보하기 위하여 일으켰던 진주만 공격은 날이 갈수록 미국의 잠수함 공격에 수송선이 격침되자 자원이 부족해지고 나중에는 군함과 전투기에 쓸 기름도 모자랄 지경이 되어 전쟁에 패망할 수밖에 없는 교훈을 뼈저리게 느낀 것이다. 유능한 장군은 이전의 전쟁을 교훈삼아 미래의 전쟁에 대비한다고 하는 원칙이 일본의 대잠초계기 숫자가 많아진 이유다. 미국의 P-3C는 세계에서 가장 큰 대형급 대잠초계기로 10시간 수색이 가능한 대잠초계기로 명성이 높은 데 일본은 무려 107기 한국이 16기, 대만이 12기 정도다. 여기에다 일본은 대잠 헬리콥터 SH-60J 씨호크를 무려 103기를 보유해 일본의 영해를 외국의 잠수함이나 군함이 감히 넘볼 수 없는 해군력을 갖고 있다.

대잠초계기의 임무는 잠수함과 함정의 탐지, 그리고 공격 이외에 해양의 감시와 수색, 구난지원 등 다양한 임무를 수행한다.

P-3C 대잠초계기는 프로펠러와 제트엔진을 병용하는 엔진 4기를 장착하고 있는데 짧은 활주로에서 이륙할 수 있는 장점을 갖고 있다. 적외선암시장치와 자기탐지장치, 소너브이로 상대방 잠수함을 탐지한다. 최대 101기까지 보유했던 일본 해상자위대의 대잠초계기는 순차적으로 퇴역하며 일본이 자체 개발한 P-1으로 대체될 계획이다. 항속거리는 6,750km로 일본의 P-1 보다 짧다. 일본의 P-1은 항속거리가 8,000km에 달하고 4기의 제트엔진으로 기동력이 뛰어나다. 대잠수함 헬리콥터도 잠수함을 잘 찾아내나 대잠초계기는 제트엔진이라 문제가 발생된 작전지역에 발 빠르게 투입할 수 있는 장점이 있다. 2017년 현재 총 11기를 보유하고 있는데 향후 60기 정도 늘릴 계획이다. [원정타격군]이라 하여 일본 열도에서 멀리 벗어난 작전을 수행할 경우 군함들에 2기의 대잠초계기들이 배치되는데 대잠초계기 P-1은 자기탐지기, 소너브이 음향탐지기, 적외선 센서를 사용해 상대방 잠수함을 탐지하고 어뢰와 대잠수함 폭뢰로 적 잠수함을 파괴한다. 잠수함뿐만 아니고 상대방 수상군함도 대함미사일을 발사해 격침시킬 수 있다.

대잠초계기 P-1의 작전방법은 먼저 초계담당해역에 도달하면 HPS-106 레이더(Multi-Mode)로 바다 위를 광범위하게 수색하고 레이더가 무언가를 탐지했는데 그것이 갑자기 레이더에서 사라지면 잠수함일 가능성이 높다고 판단하고 소너브이를 투하하여 음향수색에 나선다. 투하된 소너브이는 설정된 물속 깊이까지 도달하면 탐지를 개시한다. 소너브이 1개의 탐지거리는 바닷물 온도와 수심에 따라 달라진다. 일반적으로 1개의 소너브이의 탐지거리가 약 1해리 정도이기 때문에 탐지를 제대로 하려면 여러 개의 소너브이를 투하시킨다. 소너브이를 투하할 때는 일정한 패턴을 갖고 여러 개의 소너브이가 중첩되도록 투입해 상대방 잠수함의 음향을 탐지한다. 소너브이는 액티브 또는 패시브 등의 종류가 있는데 만약 적 잠수함이 숨어 버리면 스스로 음파를 발사하여 잠수함을 찾아내는 액티브 소너를 사용하고 상대방 잠수함이 내는 소리는 패시브 소너가 담당한다. 소너 시스템으로 적 잠수함이 포착되면 빠르게 그 해역으로 이동하여 MAD(자기탐지기)의 핀포인트로 정확하게 잠수함을 찾는다. 잠수함을 찾게 되면 어뢰를 떨어뜨려 공격하게 된다. 적 잠수함은 잠수함대로 탐지되지 않기 위하여 물방울(버블)을 방출하여 음향추적을 회피하거나 해저 바닥에 착지하여 모든 음원(音源)을 정지시킨다. 만일 적 잠수함이 수면 가까이 떠올라 잠망경을 물위로 내밀 경우 탐지는 더욱 용이해지고 적외선 센서를 활용해 탐지할 수 있다.

해상, 해저의 대일 위협을 억제한다.
최신예 일본산 초계기, 일선 배치!
중국 잠수함의 천적 'P-1'

3월 29일 아츠기(厚木)기지에 배치된 자국산 초계기 P-1, 세계의 최첨단 기술을 집약한 P-1은 초계뿐만 아니라 대함 미사일과 대지미사일도 탑재가 가능하여 과거의 육상공격기 와 맞먹는 비행체로 중국 해군이 벌써부터 [천적]으로 두려 워하고 있다.

2013년 2월 중국 해군 수상전투함의 레이더 조사(照射)사 건, 2004년 11월 중국 해군 원자력잠수함의 일본 영해 침범 사건, 2001년 11월 북한 공작선과 일본 해상보안청 순시선의 교전사건 등 일본은 21세기 들어 일찍이 유례가 없을 정도로 해상 안전에 위협을 받고 있다.

이처럼 해상, 해저의 위협이 확대되고 있는 환경 속에서 해상자위대 대잠(해상)초계기의 중요성이 점점 더 커지고 있 다. 해상자위대는 창설 이래 TBM-3, PV-2, P2V-7 등 미 국으로부터 공여 받은 기종과 함께 P2V-7을 일본 국내에서 개량한 P-2J, 대잠비행정 PS-1, 그리고 현재의 주력기인

P-3C 등의 기종을 운용하면서 현재는 세계적으로 유수의 대잠초계기 전력을 보유하기에 이르렀다. 이 해상자위대 대잠초계기 역사에 새로운 장을 연 것이 P-1 초계기다.

기체 도입의 유래

해상자위대는 1978년부터 현재의 주력 초계기인 P-3C를 도입하기 시작해 1994년까지 18년간 총 101기를 조달하기에 이르렀다. P-3C는 지금도 세계 최량(最良)의 대잠초계기 중 하나이지만, 원형기인 록히드(Lockheed)사의 여객기 엘렉트라(Electra)는 1950년대에 기본설계가 이루어져 성능 향상에 한계가 있었다.

이 때문에 미 해군은 1980년대 중반 P-3C의 후계기인 차기 대잠초계기를 개발하기로 결정, 록히드사가 제안한 플랜을 P-7A로 채택하기로 했으나 P-7A는 기술적인 문제가 산적해 있던 데다 개발비용이 급등하여 결국 1990년 계획이 중지되고 만다.

그 후 냉전의 종식으로 미 해군의 대잠초계기가 주적으로 삼았던 소련(러시아)군의 잠수함 전력의 위협이 감소하면서 미 해군의 차기 대잠초계기 개발계획은 장기간 정체된다.

　미 해군의 차기 대잠초계기 개발계획이 정체되던 1990년
대, 해상자위대의 P-3C 후계기를 어떻게 할 것인가에 대해
서는 명확한 방침이 없었지만, 21세기 초반에는 P-3C의 용
도 폐지가 시작된다는 점을 감안하여 연구가 시작되었고, 검
토를 거듭한 결과 2000년에 P-3C의 후계기를 일본 국내에
서 개발하기로 결정했다. 또 이와 함께 개발비용을 절감하기
위해 차기 초계기 P-X와 항공자위대 C-1 수송기의 후계기
C-X를 동시에 개발한다는 방침도 밝혀졌다.

　차기 초계기 및 차기 수송기의 주 계약사로서 가와사키(川
崎)중공업, 후지(富士)중공업, 미쯔비시(三菱) 중공업(C-X만 희
망) 3사가 수주 희망 의사를 밝혔는데, 2001년 11월 가와사
키중공업이 P-X와 C-X의 주 계약사로 선정되었다. 가와사
키중공업은 P-2J의 후계기 P-XL에 4발 제트기로 응찰한다
는 구상을 가지고 실물대 모형까지 제조할 정도로 의욕을 보
였으나 정치적 판단에 따라 P-3C가 채택되며 눈물을 삼켰던
과거가 있었다. P-X(와 C-X)의 주 계약사 자리를 따내면서
가와사키중공업은 4반세기에 걸친 염원을 이룬 셈이다.

이후 2003년 기본 설계가 완료되었고 2년 후인 2005년에는 제조 도면이 완성되는 등 대체적으로 순조롭게 설계작업이 이루어졌다. 그러나 이와 병행해 이루어진 프로토타입(비행시험 1호기) 제조에서 리벳(rivet)의 강도 부족이 발각되면서 문제 해결을 위해 부득이 제조 일정을 변경할 수밖에 없게 되었다.

또한 2007년 7월 4일 초호기가 출고(roll-out)된 이후 정강도 시험기(靜强度 試驗機)에 의해 이루어지고 있던 시험 결과가 좋지 않았기 때문에 초도 비행도 당초 예정되어 있던 8월 29일에서 9월 28일로 연기되었다. 다만 이러한 문제는 신형기 개발에 흔히 따르는 문제이며, 같은 시기에 개발되고 있던 에어버스 신형 전술수송기 A400M 등에 비하면 전체적으로 순조로운 개발 추이를 보였다고 할 수 있다.

P-X는 초도 비행시 XP-1이라는 명칭이 부여되었고, 다시 P-X로 이름을 바꾼 XP-1의 비행시험 1호기는 11개월간의 사내 시험을 거쳐 2008년 8월 29일 방위성에 납품되었다. 2008년 6월 19일 첫 비행에 투입된 비행시험 2호기와 함께 해상자위대 아츠기(厚木)기지를 거점으로 기술실용시험이 이루어졌으며, 4년 9개월에 걸친 시험 결과 2013년 3월 12일

방위성은 기체 개발완료를 발표하였고, 3월 26일 양산형 2기가 해상자위대 아츠기(厚木)기지에 배치되었다. 이후 승무원 훈련과 운용시험을 실시하여 순조롭게 진행되면 2년 후부터 실전 배치된다.

세계 최초의 'Fly-By-Light(FBL)'

P-1은 P-8A와 그 토대가 된 보잉 737-800NG 등과 동일한 저익기(低翼機)인데, 동체 상부에 ESM안테나(전부)와 위성통신용 안테나(후부)를 탑재한 페어링(fairing), 동체 하부에 웨폰베이(Weapon Bay)와 소노부이(sonobuoy)의 사출구(射出口)가 각각 설치되어 있을 뿐만 아니라 기체 후방에 MAD(자기탐지기)를 탑재한 긴 붐(boom)이 장착되어 있는 등 B737-800NG와 외관상 거의 차이가 없는 P-8A에 비해 초계기다운 형상으로 되어 있다.

또 주익(主翼)도 저공시의 기동력을 확보한다는 관점에서 익면적(翼面積) 약 170㎡의 대형익(大型翼)이 채용되어 있다. 대형익은 기체의 저항을 크게 만드는 난점이 있어 고속비행에는 불리한 것으로 여겨지고 있는데, P-1은 동체를 저항이 낮은 형상으로 제작했으며, 익형(翼型)을 고속비행에 적합한 형상으로 만들어 이 점을 보완했다.

또 방위성은 '플랩(flap) 등의 고양력장치(high-lift device) 관련 기술로 속도, 성능, 연비 등이 향상된다'고 자료에 기재하고 있으며, 고양력장치 계통에도 모종의 연구 성과가 집약되어 있을 가능성을 지적하고 있지만, 현시점까지 어떠한 기술이 고양력장치에 도입되었는지는 밝혀지지 않았다.

조종실은 완전히 글라스 코크핏(Glass Cockpit)으로 되어 있고, 엔진 관련 조작장치나 조종실 내에 항공기관사석이 배치되어 있다는 점 등의 차이도 있지만, 거의 C-2와 공용화되어 있다.

동체 내의 배치는 P-3C를 답습하고 있으며 조종실 후방 좌측에 전술조정사관(TACO)의 좌석, 우측에는 항법·통신원석이 설치되어 있다. 또 역시 P-3C와 마찬가지로 동체 후부의 양측에 관측원석이 설치되어 있고, 각각의 좌석에 버블 캐노피(bubble canopy)가 달려 있다는 점도 P-3C와 공통적이다. 단, 음측요원(音測員)과 조작요원이 배치되는 콘솔에는 P-3C가 좌우 양측에 나눠서 배치되어 있는 반면 P-1은 좌측에 집약되어 있다.

기체의 크기는 전장 38m, 전폭 35.4m, 전고 12.1m로 이
륙중량은 79.7톤에 달한다. 전장, 전폭, 전고는 P-3C(전장
35.6m, 전폭 30.4m, 전고 10.3m) 보다 약간 커진 정도이지만 이
륙중량은 P-3C가 56톤인데 비해 대폭 증가했다.

　단, P-1과 거의 동일한 규모의 P-8A의 최대 이륙중량은
83.7톤으로 공표되어 있어 P-1의 최대 이륙중량은 P-8A를 상
회할 가능성이 높지만 P-1에는 P-8A가 갖고 있지 않은 MAD
붐 등을 탑재하고 있다는 점 등을 고려할 필요도 있다. 'P-1은
기체중량에 다소 여유가 있는 느낌이다'라고 정평이 나 있는데,
이러한 추측이 정확하다면 미래의 무장(armament)과 탑재 기기
의 갱신 등이 용이해지게 된다. P-1의 최대 특징은 실용기로
서 세계 최초의 비행제어시스템에 [Fly-By-Light(FBL)]를 채용
한 것이다.

　현재 항공기 비행제어시스템의 주류인 [Fly-By-Wire(FBW)]
가 정보전달에 전선을 사용하는 반면에 FBL은 전선 대신 광
섬유케이블을 사용한다. 광섬유는 기존 전선에 비해 전자파
의 영향을 받기 어려운 데다 전력 소비가 낮은 특성이 있어
대량의 전자기기나 색적장치(索敵裝置)를 탑재하는 P-1 같은
기체에 안성맞춤인 비행제어 시스템이라고 할 수 있다.

방위성은 일찍부터 FBL의 가능성에 착안하여 해상자위대의 장비평가시험기 UP-3C를 사용하여 실험을 반복한 결과 세계적으로 한 발 앞서 실용기 도입에 성공했다.

P-8A급의 기체의 대다수가 쌍발기인데 비해 P-1은 IHI가 개발한 자국산 터보 팬 엔진 F7-10(추력 약 6톤, 바이패스비 약 8)을 4기 탑재하고 있다. F7-10의 개발에 있어서는 소음 저감에 중점이 놓여 있어 소음저감 패널 등을 도입한 결과 P-3C에 탑재되어 있는 터보 프롭 엔진(turbo prop engine) T56에 비해 5~10dB(데시벨) 소음을 저감하는 데 성공했다. 또 연비도 동일 규모의 터보 팬 엔진 대비 10% 정도 양호하다고 한다.

P-1을 4발기로 하는 데 대해서는 소수이지만 이견이 있었는데, 당시 이시하 시게루(石破茂) 방위청 장관도 강경하게 반대 의사를 표명했던 것으로 알려져 있다. 현재는 엔진의 추력(推力)과 신뢰성이 향상되어 민간 항공 분야의 경우, 보잉 777에서 최초로 인정되었을 때는 120분이었던 엔진 1기로 쌍발여객기가 비행 가능한 제한시간(ETOPS: Extended-range Twin-engine Operational Performance Standards)도 787 등의 경우에는 180분, 에어버스 A330은 240분으로까지 늘어났다.

다만, 군용기의 경우에는 피탄(被彈)도 고려해야 하고, 과거에 엔진 이상으로 기체가 추락하는 사고가 발생하자 자위대가 언론에서 필요 이상으로 비난 세례를 당한 경험도 있다. 이러한 사정을 감안하면 방위청(당시)이 4발기에 집착했던 것도 이해가 된다. 또 F7의 개발이 일본의 항공기 개발기술 향상에 크게 기여한 점 등도 고려하면 4발기와 쌍발기 중 어느 쪽이 더 나은 선택이었는가 하는 질문에 답을 내리기는 어렵다.

소형이지만 추력이 큰 F7-10 엔진과 고속비행에 적합한 기체 디자인으로 인해 P-1의 순항속도는 833㎞/h, 실용상승한도는 13,520m에 달한다. P-3C(순항속도 610㎞/h, 실용상승한도 8,600m)는 물론이고 P-8A(순항속도 815㎞/h, 실용상승한도 12,500m)도 상회하여 비행성능에 관한한 P-1은 세계 최고 수준의 초계기라고 할 수 있다.

[P-1의 주요 제원]

- 전폭: 35.4m
- 전장: 38.0m
- 전고: 12.1m
- 기본이륙중량: 79.7톤
- 엔진: F7-10 터보팬(추력 6.1톤) x 4
- 순항속도: 833km/h
- 상승한도: 13,520m
- 항속거리: 8,945km
- 승무원: 11명
- 군비: Mk46 어뢰, 대잠폭탄, ASM-1C(91식 공대함 유도탄),
  AGM-84C Harpoon, AGM-65 Maverick

항속거리는 P-3C가 8,945km(페리 상태, ferry range)인데 비해 P-1은 8,000km로 약간 떨어지지만 공표된 P-1의 항속거리는 전투 상태의 수치라는 설이 있다. 전투행동반경(combat radius)은 공표되어 있지 않지만, P-3C 보다 단시간에 목표해역에 도달할 수 있다는 점을 생각하면 동일 거리에서 초계가능시간의 길이는 대잠작전뿐만 아니라 북한이 침투시킨 괴선박에 대한 대응이나 유사시 해상수송로(Sea Lane) 방위를 시행할 경우 등에도 위력을 발휘한다.

일부 항공잡지에는 P-1은 초계시간을 연장하기 위해 순항

비행 중에는 2기의 엔진을 정지시킨다고 되어 있는데, 가와사키(川崎)중공업을 통해 주 설계자에게 문의한 결과 제트기의 경우는 엔진을 비행 중에 정지하더라도 풍압으로 팬이 회전하면서 저항을 받고, 엔진의 재시동도 어렵기 때문에 그런 식의 운용은 애초부터 상정하지 않았다는 답변을 받았으며, 나중에 방위성도 이를 부정했다.

앞서 언급한 바와 같이 P-1은 항공자위대의 차기 수송기 C-X(현 C-2)와 동시에 개발되었다. CASA사(현 에어버스 밀리터리(Airbus Military)사의 C235/295처럼 기존 수송기를 바탕으로 초계기를 개발한 사례는 있지만 초계기와 수송기를 동시에, 더구나 공용부분을 갖는 형태로 개발하는 사례는 유례가 없어 어느 정도 공용부분을 갖도록 할 수 있을 것인지 주목되었다.

저익(低翼) 초계기인 P-1과 고익(高翼) 수송기인 C-2의 기체에 공용부분을 갖도록 하는 것은 용이하지 않아 실제 공유되고 있는 것은 통합표시장치와 비행제어계산기, 관성기준장치(IRS: Inertial Reference System), EHA(Electro-Hydrostatic Actuator) 시스템의 컨트롤 유닛, APU(보조동력장치) 등의 탑재시스템이 중심이다.

다만, 조종실의 파일럿석 정면과 그 좌우 풍방(風防 및 와이퍼), 주익의 외측 부분, 수평 꼬리날개의 대부분 등 외관으로 알 수 있는 공용부분도 있으며, 부품과 치공구(治工具)의 공용화도 이루어졌다. 최종적으로 공용화율은 기체중량의 25%, 시스템에 관한한 75%의 공용화가 달성되어 이에 따라 방위성은 250억 엔의 개발비를 절감할 수 있었다고 한다.

색적(索敵)시스템과 탑재 무기

신(新) 기축이 도입됨으로써 높은 비행성능을 갖게 된 P-1 이지만, 초계기, 특히 대잠초계기의 능력은 비행성능만으로 결정되는 것은 아니다. P-3 시리즈가 취역 후 50년 이상 경과된 지금까지 세계 최고 수준의 대잠초계기의 자리에 군림하고 있을 수 있는 것은 탑재하는 색적기기와 정보처리시스템, 무장(armament) 등을 끊임없이 업데이트 해왔기 때문이다. 이러한 [내용물]이 충실하지 않으면 P-1의 기체가 보유한 높은 비행성능도 아깝게 썩히게 되는 꼴이다.

현대의 대잠초계기는 색적용 레이더, MAD, 소노부이(sonobuoy)를 사용해 적을 찾는 것이 일반적이며 P-1에는 이 모든 것이 장착되어 있다.

색적용 레이더는 방위성 기술연구본부와 도시바가 공동으로 개발한 HPS-106형 레이더가 도입되어 있다. HPS-106은 F-2나 F-35에 탑재되어 있는 것과 같은 원리의 능동형 전자 주조(Active phased Array) 레이더로 기수(機首)의 레이돔(Radome)부에 설치된 전방감시용 레이더 이외에 전각(前脚) 격납부 부근에 측방감시용 안테나를 갖추고 있다.

HPS-106은 기상·항법·해상 색적 모드 외에 대공 경계 모드, 나아가 역합성 개구(ISAR)/합성 개구(SAR: Synthetic Aperture Radar) 모드를 가진 멀티 모드 레이더로 해상 색적 모드로는 고고도에서의 잠망경 탐지가 가능한 것으로 알려져 있으며, 역합성 개구/합성 개구 모드를 이용하면 해상뿐만 아니라 지상의 화상 데이터를 수집할 수도 있는 것으로 알려져 있다.

HPS-106의 탐색거리 등은 밝혀지지 않았지만, P-8A에 탑재되어 있는 APY-10 레이더는 최대 색적거리(양상 색적 및 항법 모드) 200해리, 잠망경 탐지모드의 최대 색적거리 32해리, 256개 목표를 동시에 탐지·추미(追尾)가 가능한 것으로 알려져 있으며, P-1이 P-8A와의 공동작전을 염두에 두고 개발된 기체인 이상 HPS-106도 APY-10에 가까운 능력을 갖고 있다고 생각하는 것이 자연스러울 것이다.

소노부이는 패시브식 HQS-13F와 액티브식 HQS-33C, 해중 잡음측정용 HQS-21B, BT 계측용 HQS-51 등 현재 P-3C에서 운용되고 있는 소노부이 모든 운용능력이 부여되어 있다.

또 수평형 패시브식과 심심도(深深度) 대응형 액티브식 같은 실용화가 전망되고 있는 신형 소노부이, 나아가 방위성 기술연구본부가 연구를 실시하고 있던 음파를 발신하는 음원부와 목표로부터의 반사음을 수신하는 수파부(受波部)를 나눔으로써 더욱 탐지능력을 높인 바이스테틱(Bi-static) 소노부이 같은 기존 소노부이에 대한 대응도 가능한 것으로 알려져 있다.

소노부이 등이 수집한 음향정보의 분석 시스템에는 자국산 HQA-7 음향처리장치, 전술판단시스템도 마찬가지로 자국산 HYQ-3이 채용되어 있다. 양 시스템의 연구는 P-X의 국산화가 결정되기 이전인 1992년도부터 개시되었으며 국산화가 결정된 2000년 시점에서는 이미 연구가 종료되었다.

P-X는 당초 미 해군이 채용을 결정한 P-8A와의 상호운용성(Interoperability)를 확보하기 위해 P-8A와 호환성을 갖도록 하기로 결정되어 있었는데, 나중에 백지화되면서 모두 국산품이 사용되었다.

미 해군과의 상호운용성 확보에 관해서는 2002년 3월부터 2006년 9월에 걸쳐 해상막료감부(海上幕僚監部, Maritime Staff Office)와 미 해군이 공동으로 [P-3C 후계기의 전자기기에 관한 공동연구]를 실시하였으며, HQA-7과 HYQ-3 등의 개발에 이 연구결과가 반영된 것으로 보인다.

HQA-7과 HYQ-3은 향후 더욱 정숙화(靜肅化)가 예상되는 잠수함에 대한 대처능력과 더불어 승무원의 작업 부하 저감에도 주안점을 두는 형태로 개발되고 있다.

탐지능력을 좌우하는 신호처리능력에 관해서는 잠수함의 추진기관이 보내는 협대역 신호(narrow band signal)처리능력이 대폭 향상됨으로써 유동소음(Flow Noise)/공동소음(cavitation noise) 등 광역대 잡음을 처리할 수 있게 되어 목표탐지능력과 신호발신시간이 짧아 탐지가 어려운 것으로 여겨져 온 어뢰발사관의 개폐음이나 조타음의 탐지능력 등 P-3C의 음향처리시스템에는 없었던 기능도 갖추게 되었다. 당연한 얘기이지만 목표의 자동 탐지·추미 능력도 향상되었고, 천해역(淺海域)에서의 탐지능력도 대폭 강화되었다고 한다.

P-3C의 음향처리시스템은 기초설계가 오래된 데다 중앙컴퓨터의 처리속도가 느리다는 단점이 있어 음측요원(音測員) 1명당 하나의 소노부이 또는 협대역(narrow band) 신호를 처리하는 일밖에 할 수 없었다. 이 때문에 P-3C에서는 음향시스템의 조작 콘솔을 이중으로 하고, 다목적표시 스코프를 설치하여 음측요원이 정보를 공유함으로써 대응했으나 음측요원의 숙련도에 따라 처리능력에 차이가 생기는 데다 분석에 걸리는 시간의 단축에도 한도가 있다는 사실이 밝혀져 근본적인 해결책이 되지는 않았다.

HYQ-3은 이러한 P-3C의 교훈을 바탕으로 개발되어 선두 초계기(自機)의 각종 센서가 얻은 정보와 호위기(wingman)로부터 얻은 정보를 통합 처리하여 정보를 이해하기 쉽게 나타내고, 승무원의 상황 판단이나 의사결정에 대해 지원할 뿐만 아니라 인공지능에 의해 목표의 진로·속력·심도(深度) 설정 등의 정보를 토대로 목표의 행동을 추측하는 능력이나 소노부이 투하 패턴의 결정이나 공격방법, 어느 기체가 공격을 해야 하는지 등을 권장하는 능력도 부여되어 있다.

정보를 정리하여 이해하기 쉽게 나타내고 승무원의 상황 판단을 지원하는 시스템은 F-35 등의 전투기에는 도입되어 있지만, 초계기의 경우는 P-1이 최초의 도입 사례이다. 이 HYQ-3의 도입으로 인해 P-1은 P-3C에 비해 승무원의 업무 부담이 대폭 경감되었을 뿐만 아니라 목표 탐지에 필요한 것으로 판단되는 시간도 대폭 단축되었고, 소노부이 사용량 감소도 전망된다.

MAD(Magnetic Anomaly Detection, 자기 탐지기)의 경우에는 당초 캐나다의 CAE가 개발하여 미쯔비시(三菱)전기가 라이선스를 취득한 통합형 발달 MAD시스템 AN/ASQ-508(V)의 도입이 유력시 되었으나 실제로는 미쯔비시전기가 개발한 HYQ-102가 도입되었다. AN/ASQ508(V)이 도입되지 않은 이유는 명확히 밝혀지지 않았지만, 일설에 따르면 방위성이 요구한 성능 기준을 충족하지 못했기 때문인 것으로 알려졌다.

이 밖에 P-1에는 광학색적센서 HAQ-2도 장착되어 있다. HAQ-2는 US-2에 장착되어 있는 광학센서 HAQ-1에 비해 탐색모드 숫자가 늘어났다는 설도 있다.

무장(armament)의 경우에는 현재 P-3C가 운용하고 있는 단어뢰(短魚雷)와 대잠폭탄(항공폭뢰) 이외에 ASM-1C와 AGM-84C Harpoon 등의 대함미사일, 나아가 AGM-65 Maverick 대주정미사일(공대지, 空對地)의 운용도 가능한 것으로 알려져 있다. 어뢰와 대잠폭탄의 경우 기체 하부 무기고(Weapon Bay)의 단어뢰(短魚雷) 탑재량은 8발로 차이가 없지만, 파일런 (Pylon)은 P-3C가 12개인데 비해 P-1은 2개 더 많은 14개이다.

다만, P-3C의 경우 가장 바깥쪽에 위치한 파일런에 ESSM (Evolved Sea Sparrow Missile) 안테나를 장착하고 있어 사실상 P-3C 보다 파일런이 4개 많은 셈이다. 일부 책자에 따르면 P-1에 8발의 대잠미사일 탑재가 가능한 것으로 보고 있어 데이터상으로 불가능하지 않은 것으로 보이지만 실제로 그런 식의 운용을 생각하기는 어렵다.

현대의 초계기로서 예외 없이 P-1도 자기방어용 기총 등은 장착하고 있지 않지만 방어용 전자 장비(armament)로서 P-3C의 후기 생산형에도 장착되어 있는 HLR-109B 역탐지 장치와 HLQ-4 자동방어장치를 장착하고 있다. HLQ-4에 대해서는 상세한 내용이 알려져 있지 않지만 각종 센서가 탐지한 경공(經空) 위협 정보를 토대로 위협에 대한 판정을 자동적으로 실시하고, 최적의 방어수단과 회피수단을 제시하는 동시에 필요에 따라 chaff(레이더 교란기)나 Flare(기만용 섬광) 등을 발사하는 이른바 4·5세대 전투기의 경우에는 스탠다드화 되어 있는 자기방어시스템과 유사한 것이 아닌가 판단된다.

P-1은 호위기뿐만 아니라 미 해군의 P-8A와의 공동작전을 전제로 개발되었으며, 이 때문에 NATO의 전술 데이터 링크 형식 중 하나로 미 해군에서도 널리 사용되고 있는 LINK16에 대응하는 HCQ-3 데이터 링크 장치가 장착되어 있다. 통신기자재는 HRC-124UHF/VHF 무선기 이외에 위성통신장치가 탑재되어 있으며 위성통신용 안테나는 기체 상부 후방의 페어링(fairing)에 격납되어 있다.

중국 잠수함 포획이 임무

지금까지 서술한 바와 같이 P-1은 현시점에서 세계 최고 수준이라 해도 과언이 아닌 대잠초계기로 이 기체를 확보함으로써 해상자위대의 대잠(해상)초계능력이 크게 향상된다는 점은 의심의 여지가 없다.

현재 일본에서 큰 위협으로 작용하고 있는 중국은 일찍부터 잠수함 전력의 증강에 주력하고 있어 해상자위대의 약 4배에 달하는 60척을 보유하기에 이르렀다.

다만, 이 중 3분의 1 가량을 차지하는 통상동력형(재래식) 공격잠수함인 '명(明)'급은 제1선 전력으로 간주하기에는 역부족이다. 또 최초의 공격형 원잠(원자력잠수함)으로서 떠들썩하게 등장한 '한(漢)'형도 이미 1~2번함이 퇴역하였고, 최초의 전략 원잠인 '하(夏)'형도 소음 크기나 탄도미사일 고장 등으로 인해 전략 원잠으로서는 일찌감치 실격이라는 낙인이 찍히는 등 적어도 1990년대 이전에 설계·건조된 잠수함은 큰 위협이 되지 못했다.

그러나 1990년대 이후에는 러시아로부터 통상동력형 '킬로

(Kilo)'급을 도입하는 동시에 러시아의 기술지원을 받아 음향 스텔스화를 추진한 '상(商)'급 공격형 원잠, 스털링 엔진(Stirling engine)을 탑재한 통상동력형 공격 잠수함 '원(元)'급의 정비를 추진 중이다.

특히 '상(商)'급과 '원(元)'급은 과거 소음을 퍼트리며 항해한다는 인상이 있던 중국의 잠수함에 대한 인상을 180도 바꿀 정도로 정숙성을 갖췄다는 설도 있다. 또 대잠작전은 과거에 수집한 음향데이터의 축적이 위력을 발휘하는데, '상(商)', '원(元)', 이 두 가지 급의 경우에는 취역시기가 아직 얼마 되지 않아 충분한 음향데이터를 축적하지 못한 상황인데 그런 점에서 앞으로 위협적인 존재가 될 수 있을 것이다.

앞서 언급한 바와 같이 P-1은 P-3C의 경우에는 불가능했던 어뢰발사관의 개폐음이나 조타음의 탐지능력을 갖췄으며, 유체소음(Flow Noise), 공동소음(cavitation noise) 등 광역대의 잡음을 처리하는 능력도 P-3C에 비해 향상되었기 때문에 정숙성도 향상되었고, 또 음향데이터의 축적이 충분하지 않은 '상(商)', '원(元)'급에 대해서도 충분히 대처할 수 있을 것으로 판단된다.

또 P-1은 대잠전뿐만 아니라 도서(島嶼)방어전 등에서도 큰 위력을 발휘할 수 있다.

만약 일본 영토에 상륙을 기도할 경우 현재의 자위대는 항공자위대의 F-2 및 F-4EJ, 개량형 ASM-1 및 ASM-2 대잠 유도탄과 해상자위대의 함정 및 육상자위대의 대함 유도탄으로 대형 함정을 격퇴하고 상륙용 주정 장비(LCU: Landing Craft Utility) 등은 육상자위대의 침투정·대전차 유도탄으로 격퇴한다는 구상이다. 그런데 이 구상은 육상자위대 부대가 배치되어 있는 장소에서라면 충분히 효과를 발휘할 수 있지만, 센카쿠열도(중국명 댜오위다오)처럼 육상자위부대가 없는 장소에 상륙을 기도했을 경우 충분한 효과를 발휘하지 못할 가능성이 있다.

이 경우 상륙부대에 대한 공격은 우선 항공자위대의 전투기에 일임하게 되는데, 항공자위대의 ASM-1/2는 대형 함정의 공격을 대상으로 하고 있어 현시점에서 항공자위대에는 소수의 레이저 유도형 JDAM(Joint Direct Attack Munition, 공대지 유도폭탄) 정도밖에 상륙용 주정(舟艇) 장비 등에 대한 유효한 공격 수단이 없다.

앞서 언급한 바와 같이 P-1은 AGM-65 Maverick 대주정(對舟艇) 미사일의 운용능력을 갖추고 있어 1기당 8발의 AGM-65를 탑재할 수 있다. 고도의 대잠능력을 가진 P-1을 상륙용 주정(舟艇) 장비의 공격에 사용하는 것은 마치 '소 잡는 칼로 닭을 잡는 격'이다. 그러나 도서(島嶼)방어전에서는 가능한 한 많은 적을 뭍으로 상륙하기 전에 격파하여 적에게 충분한 교두보를 확보하지 못하도록 하는 것이 성패를 좌우하는 것 또한 사실이다. 물론 적 잠수함의 위협이 그다지 크지 않다는 전제조건이 붙지만, 향후 항공자위대의 전투기가 상륙용 주정 등에 대한 유효한 공격수단을 갖추기 전까지는 진출 속도가 빠른 P-1에 Maverick을 탑재하고 상륙용 주정에 대해 공격을 가하는 옵션을 검토해 보는 것이 좋지 않을까 한다.

P-1이 일본의 방위력을 대폭 강화하는 데 기여한다는 점은 의심의 여지가 없지만 그 능력을 최대한 활용하기 위한 과제도 있다. P-3C의 도입을 개시한 1980년대는 아직 일본 경제에 여유가 있었고 해상자위대의 임무도 대잠작전에 주안점이 있었기 때문에 P-3C를 101기나 도입할 수 있었지만 현재 일본은 저성장시대가 이어지고 있고, 해상자위대의 임무도 다양화되고 있기 때문에 초계기에만 예산을 집중하기도

어려워졌다.

이러한 사정을 감안하여 P-1을 당초 구상대로 70기 도입할 수 있을지 의문시하는 목소리도 있다. 또 설령 도입이 가능하다 하더라도 현재의 조달 속도로 가면 20년 이상 걸리게된다. 이 때문에 당분간은 기존 P-3C를 초계기 전력의 주력기로 계속해서 사용할 필요가 있다.

이는 항공자위대가 차기전투기로 도입하는 F-35A와 육상자위대의 10식 전차에도 공통되는 이야기이지만, 한 신규 장비의 능력이 돌출적으로 뛰어나 기존 장비와의 사이에 격차가 생기게 되면 종합적인 전력 향상을 기하지 못하게 된다는것이다.

미군은 이 점을 이해하고 있으며 공군은 F-15의 근대화, 육군은 M1A(M1 Abrams)1전차에 전술 네트워크 접속 단말을 추가한 M1A1D의 배치를 추진 중이다. 물론 해군도 예외가아니다. P-8A와 기존 P-3C의 격차를 메우기 위해 컴퓨터를교체·장착하여 정보처리능력을 강화하고, LINK-16의 단말기 장착 등 개량된 P-3C-ARTR의 도입을 추진하고 있다.해상자위대의 P-3C를 ARTR의 수준까지 끌어올리기 위해서는 거액의 예산이 필요하기 때문에 용이한 일은 아니지만 적어도 LINK-16의 대응능력 부여 정도는 시행하여 P-1이 지닌 높은 능력을 P-3C에도 반영시키는 운용체제를 구축할 필요가 있다고 필자는 생각한다.

현재 해상자위대는 소말리아 근해에 출몰하는 해적 대책을 위해 지부티(Djibouti) 공화국에 P-3C를 파견 중인데, 만약 P-1이 앞으로 이 같은 해외 전개를 하게 된다면 국산기이기 때문에 예비부품을 해외에서 조달하기 어렵다는 점을 감안해 병참(logistics)을 충분히 확보해 둘 필요도 있을 것이다.

3월에 P-1 양산형이 아츠기(厚木)기지에 배치되면서 중국의 매체들은 일본 매체들 이상으로 이 뉴스를 대대적으로 보도하고 있다. 중국의 한 TV는 일본 국내의 견해임을 전제로 '중국 잠수함의 최대 천적으로' 평가받는다고 소개하고 있는 모양인데, 이는 중국의 견해를 일본의 이름을 빌려 주장한 것으로 보인다.

P-1이 최대의 능력치를 발휘하기 위해서는 다양한 과제를 안고 있으며 많은 시간이 필요한 것으로 알려져 있지만, 이미 억지력으로서 효과를 발휘하고 있다는 점은 분명하며 그

러한 의미에서 P-1 프로젝트는 절반의 성공을 거뒀다고 해도 과언이 아닐 것이다.

03

일본 이지스함Aegis
8척 체제

일본 이지스함Aegis
8척 체제

    일본의 이지스(Aegis)함이 6척에서 8척 체제로 전환된다. 미국에 이어 세계에서 두 번째로 많은 것이다. 한국은 3척밖에 없다. 올 12월에 발표될 방위계획 대강에 북한의 핵미사일 개발과 중국의 센가쿠 열도 위협에 대비해 이지스함 8척 체제를 공식 선언한다는 것이다. 상대방 음파 추적에 잡히지 않는 스텔스 잠수함을 보유한 일본은 16척 잠수함에서 22척 체제로 군사력 증강이 본격적으로 이루어지고 있다. 22척 체제면 중국의 잠수함이 동지나해, 남지나해로 나가는 두 개의 중요 물 속 길을 충분히 감시한다는 것이다. 일본의 이지스함은 SM-2 요격미사일을 장착한 한국의 유성룡 이지스함과는 달리 대기권 밖에서 북한의 탄도미사일을 요격할 수 있는 SM-3 미사일을 장착하고 있다. 1척 건조에 1조 6천억 원이 소요되는 이지스함은 미국이 제2차 세계대전을 끝내면서 16기의 전투기가 달려들어도 막아낼 수 있게끔 건조된 최첨단 군함이다. 일본의 가미가제 공격에 혼쭐이 난 미국이 전투기 공격에 획기적인 방어능력을 갖춘 이지스함을 개발하게 된 것이다. 미국은 현재 60여 척을 보유하고 있다. 그래서 별명이 신의 방패다.

북한의 대륙간탄도탄 기술은 계속되는 엔진연소실험으로 시간이 흐를수록 더욱 정교하고 사정거리가 미국에 다다르고 있다. 중국은 센가쿠 열도를 호시탐탐 넘보고 있으며 항공모함을 취역시키며 한국과 일본의 해상물동량의 80% 이상이 지나다니는 해상교통로인 동지나해, 남지나해의 제해권에 나서고 있다. 중국은 대륙 남단에 위치한 하이난섬에 미국의 인공위성 추적을 피하기 위해 해저 동굴을 파고 잠수함이 물속으로 드나드는 시설을 마련했다. 그리고 길이 600m 폭 120m의 부두를 건설하여 두 척의 항공모함이 기항할 수 있게 되었다. 중국이 현재 가동하고 있는 랴오닝함 이외에도 몇 척의 항공모함을 더 건조한다는 목표인데 여기에는 연료공급에 상관없는 원자력 항공모함이 포함될 것으로 예상된다. 중국은 이미 물속에서 발사하여 8,000km 이상을 날아갈 수 있는 대륙간탄도탄 SLBM을 보유한 나라다. 이런 환경이 일본의 이지스함 8척 체제를 준비하겠다는 이유다. 그러면 한국은 어떻게 해야 하나? 센가쿠 열도로 극한 대립을 하고 있는 중국과 일본은 고삐 풀린 말처럼 군비경쟁의 속도를 내고 있다. 지금 당장은 군비경쟁을 막을 방안이 없기에 넋을 놓고 바라만 볼 수는 없다. 한국도 최소한의 방어력을 갖추어 놓아야 하는데 투자 대비 가장 효율적인 방안은 잠수함 전력의 증강과 다량의 미사일을 한반도에 배치하는 것이다. 중국과 일본의 전력 증강의 요체는 해군력과 공군력 증강이 핵심이다. 그래서 한국은 잠수함 전력을 강화해야 하는 것이다. 잠수함 전력은 군사력에 있어 가장 은밀한 전력이기 때문에 상대방이 함부로 접근하지 못하는 최후의 전력으로 평가되는 군사력이다. 미사일 전력은 IT 기술이 발달한 한국이 미래 전력으로 가장 효율적인 방어 전력으로 상정될 수 있다. 동북아에는 지금 군비경쟁의 격랑이 일고 있다. 제2차 세계대전 이후 지금처럼 중국과 일본의 극한 대립의 형국이 형성된 적이 없었고 군사비를 펑펑 쓰는 동북아 정세가 위태롭기만 하다. 그래서 군비경쟁의 위험을 논의하는 대화의 장을 마련하는데 한국이 선도할 때가 되었다. 한국은 세계 제9위의 무역대국이며 국제적 위상이 과거와는 다르기 때문에 자신감과 비전을 갖고 평화의 공동번영의 기치를 내걸고 군비경쟁 해소에 앞장 서야 한다. 한국은 주변 국가를 침략해 본 적이 없기 때문에 대화체제 창출에 자격이 있다는 것을 그들도 알고 있다.

해상자위대의 미사일 호위함의 역사는 1960년 '아마츠카제(Amatsukaze, 天津風)'로부터 시작되어 현재 '하타카제(Hatakaze, 旗風)'급 2척, '곤고(Kongou, 金剛)'급 4척, '아타고(Atago, 愛宕)'급 2척 등 총 8척을 보유하고 있다. 또한 일본 주변국의 탄도미사일 요격을 가능하도록 하기 위해 이지스함 '곤고'급과 '아타고'급에는 BMD(Ballistic Missile Defense, 탄도미사일 방어)능력을 갖추기 위한 개량 작업이 차례로 실시되고 있어 이제는 일본의 BMD시스템의 핵심을 짊어질 정도로 성장하고 있다.

지난 2월 7일 북한이 장거리 미사일을 발사했다. 이 미사일 발사에 대해 북한은 인공위성(지구 관측 위성·광명성 4호) 발사 때문이라고 발표했지만 일본을 포함해 해외 각국에서는 장거리 탄도미사일의 시험발사로 보고 있다.

일본에서는 북한의 발사 예고(2월 2일)에 따라 2월 3일 방위대신이 만일에 대비해 요격을 위한 파괴조치명령을 발령했다. 이에 따라 해상자위대는 이지스 시스템 및 탄도미사일을 대기권 밖에서 요격 가능한 대공미사일 SM-3을 탑재한 미사일 호위함 3척을 동해(1척) 및 동중국해(2척)에 파견했다. 또 항공자위대는 요격미사일 PAC-3(페트리어트-3)시스템을 도쿄 이치가야(市ヶ谷) 및 오키나와(沖繩) 본도, 미야코섬(宮古島), 이시가키섬(石垣島) 등 7곳에 배치했다.

원래 미사일 호위함은 탄도미사일 대응용으로 건조·배치된 것이 아니라 냉전시대에 기존 중구경포(中口徑砲) 탑재함만으로는 대공(對空) 방어용으로 불충분함에 따라 대공미사일 장비를 발전시켜 온 것에 기원이 있다. 미사일 호위함은 당초 대공 목표로 항공기와 대함미사일을 상정했었으나 냉전 종식 이후 세계적인 군사정세가 변화함에 따라 인근 각국에서 보유하면서 큰 위협으로 간주되는 장거리 탄도미사일을 해상에서 요격하는 역할을 맡게 되었다.

이와 같이 탄도미사일을 격추할 수 있을 만큼 능력이 향상된 해상자위대의 미사일 호위함의 역사를 개괄적으로 살펴보고, 나아가 현황과 향후 동향을 전망해 보고자 한다.

미사일 호위함의 탄생

해상보안청·경비대(1952년 4월), 보안청·경비대(1952년 8월)

를 거쳐 1954년 7월에 출범한 해상자위대는 당초 미 해군으로부터 대여한 각종 함정을 운용해 오다가 1953년부터 자국산 호위함 건조에 들어갔다. 당시에는 경비함으로 불린 '하루카제(Harukaze, 春風)'급 DD(2척) 및 '아케보노(Akebono, 曙)'급 DE(3척)가 시작이었다. 그 후 호위함은 매년 순조롭게 건조되었으며, 여기에 탑재된 주력무기는 5인치(127mm)포 또는 3인치(76mm)포 등의 중구경포(中口徑砲)였다.

최초의 미사일 호위함으로 1960년에 계획된 '아마츠카제(Amatsukaze, 天津風)(DD163)'가 1965년 2월 취역했다. 이는 일본의 육·해·공 방위력을 중장기적 계획을 바탕으로 정비해 나가자는 취지로 수립된 방위력 정비 목표, 이른바 '1차방(1次防)'으로 약칭되는 제1차 방위력 정비계획(1958~1961년도)에 담긴 계획이었다.

미사일 호위함 '아마츠카제(만재배수량, full load displacement)' (3,850톤, 전장 131m)에 탑재된 Tartar 중거리 대공 미사일 시스템은 세계적으로도 최신 기종이었다. 미 해군에서 최초의 미사일 구축함으로서 계획되었고, 이 시스템을 탑재한 'Charles F. Adams급 구축함의 1번함(DDG2)'이 1960년 9월에 막 취역했다는 사실만 보더라도 해상자위대가 대공 미사일의 중요성을 인식하여 일찌감치 최초의 미사일 호위함 '아마츠카제'를 건조하기로 계획했음을 알 수 있다.

Tartar 대공 미사일(RIM-24A, 사거리 16.1km)을 운용하는 '아마츠카제'는 'Charles F. Adams'급 후기형(14번함 이후)과 마찬가지로 미사일 단장발사기(單裝發射機) Mk13Mod0 1기를 후갑판에 탑재했다. 이 밖에 '아마츠카제'에는 3인치 단장포 (單裝砲) 2기가 전갑판에 배치되었다.

이와 같이 정비된 일본 최초의 미사일 호위함 '아마츠카제'는 대공 미사일이라는 신무기 운용의 중요성을 해상자위대에 이식하여 30년 이상이나 활약하였고 1995년에 퇴역했다.

후속 미사일 호위함 '다치카제(Tachikaze, 太刀風)'급

해상자위대에서 미사일 호위함의 중요성은 인식되고 있었으나 1960년도함 '아마츠카제'가 건조된 이후의 제2차 방위력 정비계획(2次防, 1962~1966년도)에서는 계획되지 않았으며, 10년 이상 지나 제3차 방위력 정비계획(3次防, 1967~1971년도)의 마지막 해에 1971년도함으로서 '다치카제(DD168)'가 계획되었다. 해상자위대에서는 2척째이며, 2세대 미사일 호위함으로 자리매김된 '다치카제(만재배수량 5,200톤, 전장 143m)'에 장착된 대공 미사일은 Tartar(RIM-24A)를 발전시킨 Standard SM-1MR(RIM-66, 사거리는 32km)로 성능이 향상되었다.

이후 통산 3척째로 '다치카제'급 2번함인 스탠다드 미사일을 탑재한 1973년도함 '아사카제(Asakaze, 朝風)(DD169)'및 통산 4척째('다치카제'형 3번함)인 1978년도함 '사와카제(Sawakaze, 澤風)(DD170)'로 이어졌다.

스탠다드 미사일의 발사기는 '아마츠카제'와 마찬가지로 단장형(單裝型) Mk13인데, 1번함과 2번함은 Mod3, 3번함은 Harpoon 대함 미사일도 장전·발사 가능한 Mod4가 채택되었다. 함재포(艦載砲)로 5인치 단장포(單裝砲)가 전·후부에 각 1기 배치되었다.

이들 2세대 미사일 호위함은 1번함 '다치카제'가 2007년, 2번함 '아사카제'가 2008년, 3번함 '사와카제'가 2010년에 각각 퇴역했다.

3세대 미사일 호위함, '하타카제(Hatakaze, 旗風)'급

선체 규모를 확대하여 추진기관과 장비를 강화한 3세대 미사일 호위함 2척이 건조되었다. 통산 5척째인 1981년도함 '하타카제(DD171)' 및 통산 6척째인 1983년도함 '시마카제(DD172)'로 1986년 및 1988년 3월에 각각 취역했다.

해상자위대의 미사일 호위함으로서 1세대 '아마츠카제', 2세대 '다치카제'급 3척에 이어 3세대가 되는 '하타카제'급 2척은 만재배수량 5,900톤(2번함 '시마카제'는 5,950톤), 전장 150m로 선체 규모를 확대하여 건조되었다. 또 추진기관도 종전의 증기터빈에서 미사일 호위함 최초로 가스터빈이 채택되었다. 가스터빈 4기를 이용한 COGAG(COmbined Gas turbine And Gas turbine) 추진방식이다.

선체 규모 확대로 선체 후부(後部)에 헬기 발착 갑판의 설치가 가능했을 뿐 아니라 각종 기기 장착을 위해서도 운용에 적합해지는 등 커다란 변화를 찾아볼 수 있다.

대공미사일은 '다치카제'급부터 채택된 Standard SM-1MR (RIM-66), 미사일 단장(單裝) 발사기 Mk13은 '다치카제'급 3

번함 '사와카제'에 탑재된 Mod4와 차이는 없지만, 발사기 Mk13의 장착 위치가 변경되었다. '아마츠카제' 및 '다치카제'급 3척에서는 미사일 발사기가 후갑판에 배치되었는데, 이렇게 되면 대공(對空) 미사일의 사계(射界, Field of Fire)가 후방으로 국한된다. 물론 사계를 확보하기 위해 필요에 따라 진로를 변경하면 되지만, 선체 전방에 사계를 확보하는 편이 운용상 바람직하다는 점 때문에 '하타카제'급에서는 발사기 Mk13이 전갑판에 배치되어 있다. 또한 Standard SM-1MR의 사거리는 초기형(RIM-66A) 32km에서 개량형(RIM-66B)에서는 46km로 연장되었다.

또 발사기 Mk13Mod4는 Mod3과 달리 대공미사일 SM-1MR뿐만 아니라 앞서 언급한 바와 같이 대함미사일 Harpoon도 장전·발사 가능한데, '하타카제'급의 경우에는 대공 전투능력을 중시하기 때문에 대공미사일 SM-1MR의 운용으로만 한정하여 최대 40발이 탑재되어 있다. 대공미사일의 관제에는 사격지휘장치 Mk74Mod13이 사용되고 있어 목표 추미(追尾, 주파수 C밴드) 및 미사일 관제(주파수 X밴드) 공용 안테나 2기가 함교 구조물 상부에 함수(艦首)를 향해 배치되어 있다.

대함미사일 Harpoon의 장전·발사에는 전용 4연장(連裝) 발사통이 준비되어, 연돌 후부에서 좌우현을 향해 각 1기가 장착되어 있다.

그 밖의 무기에는 주포(主砲)로서 73식 54구경 5인치 (127mm)포를 전후부에 각 1기 탑재하고 있으며, 사격지휘장치(射擊指揮裝置) FCS-2-21C(2번함 '시마카제(Shimakaze, 島風)'는 FCS-2-22B로 관제된다. 또 최근의 호위함에 표준 장착되어 있는 근접방어무기시스템 CIWS phalanx 20mm 6총신 기관포는 '다치카제'급의 경우 나중에 2기가 장착되었는데, '하타카제'급의 경우에는 건조·취역시부터 상부 구조물 후부의 좌우 양현에 배치되었다.

대잠무기와 관련해서는 ASROC(Anti-Submarine ROCket) 발사용 선회·부앙 가동형(旋回·俯仰 可動型) 74식 발사기 1기가 전부(前部) 5인치 포와 상부(上部) 구조물 사이에 배치되었고, 또 68식 3연장(連裝) 단어뢰(短魚雷) 발사관이 중부(中部) 갑판 아래 좌우 양현에 탑재되어 있다. 이들은 함수(艦首) Sonar (SOund Navigation And Ranging) OQS-4(I)와 연동되는 수중 공격 지휘장치 SFCS-6에 의해 관제된다.

또 주 센서인 레이더는 3차원 대공수색용 SPS-52C, 대공
수색용 OPS-11C, 수상 수색용 OPS28-C 등을 각 1기 장착
하고 있다. 또 CIC로 센서와 무기류를 일괄 관제하는 목표지
시장치 TDS(Target Designation System)는 OYQ-4-1이다.

신형 미사일 호위함의 건조

1986~1990년을 대상으로 하는 중기 방위력 정비계획, 이른
바 61 중기방(中期防)의 최대 핵심은 이지스 전투 시스템(Aegis
Combat System)을 탑재하는 미사일 호위함의 건조이다. 지금까
지 건조된 Tartar/스탠다드 미사일 탑재함 6척의 능력을 훨씬
뛰어넘는 이지스 전투 시스템 탑재함은 1번함 '곤고(DDG173)'
가 1988년도함, 2번함 '기리시마(Kirishima, 霧島)(DDG174)'가
1990년도함으로 각각 건조되었다. '기리시마'가 취역한 1995
년 말에는 '아마츠카제'가 퇴역·제적됨으로써 미사일 호위함
은 총 7척이 되었다.

나아가 1991~1995년도 방위력 정비계획인 03 중기방(中期
防)에서는 1991년도함으로 '곤고'급 이지스함의 3번함 '묘코
(Myoko, 妙高)(DDG175)', 1993년도에는 4번함 '초카이(Chokai,
鳥海)(DDG176)'가 각각 건조되었다. 그 결과 '초카이'가 취역

한 1998년 3월에는 미사일 호위함이 총 9척으로 늘어났다.

이후 '다치카제'를 대체하는 업그레이드 호위함으로 '곤고'급의 발전형에 해당하는 2002년도함 '아타고(DDG177)' 및 '아사카제'를 건조하고, 이를 대체하는 2003년도함 '아시가라(Ashigara, 足柄)(DDG178)'가 계획되어 2007년 3월 및 2008년 3월에 각각 취역했다.

나아가 '다치카제'급 3번함 '사와카제'가 2010년 3월에 퇴역하여 2016년 초 현재 현역 미사일 호위함은 '하타카제'급 2척, '곤고'급 4척 및 '아타고'급 2척 등 총 8척이다.

'곤고(Kongo, 金剛)'급 미사일 호위함

해상자위대에서는 '하타카제'급 2척에 이어 그 때까지 개발된 대공미사일 시스템을 탑재하는 동형함(同型艦) 건조 계획도 있었으나 세계적인 군사 정세를 감안하여 고성능 이지스 시스템을 탑재한 신형 미사일 호위함을 정비하기로 방향을 전환했다. 그 이유는 안테나 회전형 3차원 대공수색 레이더 SPS-52C와 선회·부앙 가동형(旋回·俯仰 可動型) 단장(單裝) 미사일 발사기 Mk13으로 구성되어 있는 '하타카제'급 탑재 시스템은 항공기와 접근하는 대함미사일 등 동시에 2가지 목표에 대응하는 능력밖에 없었기 때문이다. 이로 인해 냉전시대 말기에 문제가 되었던 소련군 항공기와 대함미사일의 동시 다발적인 포화 공격에는 대응할 수 없었던 것이다.

이 같은 소련군에 의한 포화공격에 대해 12개 목표에 대응 가능한 미사일 시스템으로 이지스 시스템이 미 해군에서 개발되어 'Ticonderoga'급 순양함이 1983년, 또 'Arleigh Burke'급 구축함이 1991년부터 각각 취역하여 이 두 종류가 대량으로 건조된다.

뒤를 이어 해상자위대에서도 동일한 이지스 시스템을 탑재한 미사일 호위함이 계획되면서 '곤고'급(만재배수량 9,500톤, 전장 161m)이 건조되기에 이른다. '곤고'형에 탑재된 이지스 시스템은 목표 수색기능과 추미(追尾)기능을 갖춘 다기능 레이더 SPY-1D를 중심으로 의사결정시스템 Mk2, 무기관제시스템 Mk8, 즉응성(卽應性)유지시스템 Mk7, 수직발사기 Mk41, 스탠다드 미사일 SM-2MR, 사격지휘장치 Mk99 등으로 구성되어 있다.

선체 상부의 구조물 4면에 장착된 고정형 안테나 4면으로 구성되는 다기능 레이더 SPY-1D는 전자 주사(電子 走査)방식에 의해 전파 빔으로 자함(自艦)을 중심으로 한 반구(半球) 공간을 수색하여 다목적을 탐지·추미한다. 수치는 발표되지 않았지만 목표 최대 탐지거리는 500km, 목표 최대 추미 수는 200 정도라고 알려져 있다. 추미 목표 중에서 의사결정시스템에 의해 위협으로 판정된 목표에 대해 무기관제시스템의 제어하에 대공미사일이 발사된다. '하타카제'급까지는 미사일 발사 후에 재장전을 필요로 하는 선회·부앙 가동형 단장 미사일 발사기였으나 갑판면에 매립된 고정형 수직발사기가 사용되는 것으로 바뀌게 된다. 선체 전부(前部)에 4기(32셀), 후부(後部)에 8기(64셀)가 장착되어 있는 수직발사기 Mk41Mod6 중 전부(前部)의 29셀, 후부(後部)의 61셀에는 대공미사일 SM-2MR(RIM-66M)이 총 74발, 대잠미사일 ASROC(Anti-Submarine Rocket)이 16발 장전되어 있다. 전·후부의 발사기에서 미사일 장전에 사용되지 않는 각 3셀 분량은 미사일 canister(격납공간) 장전용 크레인 격납에 할애된다.

발사된 대공미사일은 관성 유도로 비상하여 필요에 따라 목표 데이터가 업데이트 되는데, 목표에 접근하는 종말단계가 되면서 사격지휘장치 Mk99 illuminator SPG-62가 조사(照射)하는 전파로 인해 반능동 레이더 유도(Semi-active radar homing)로 전환된다. Illuminator 안테나는 3기(전부는 함교상에 1기, 후부는 제2 연돌 후방에 2기)가 탑재되어 있는데, SM-2MR을 3발 관제하는 것이 아니라 시분할적으로 사용되기 때문에 동시에 12발까지 관제가 가능(동시 12목표 대처 가능)하다.

또 이지스 시스템의 기본 구성에 변화는 없으나 미 해군의 운용 요구에 따라 구성품의 성능 향상을 꾀하고 시스템을 관제하는 컴퓨터 프로그램의 업그레이드가 이루어지고 있다. 그 결과는 베이스라인이라는 형태로 분류되어 있으며 '곤고' 급의 경우에는 1번함 '곤고', 2번함 '기리시마' 및 3번함 '묘코'는 당시 최신 베이스라인 4, 다소 늦게 건조된 4번함 '초카이'는 구성품 일부를 민생품으로 채택하기도 하고 데이터 링크 기능을 향상시킨 베이스라인 5로 분류되었으나 현재는 전함(全艦)이 모두 베이스라인 5.2로 통일되었다.

수상(水上) 목표에 대해서는 대함미사일 Harpoon 및 자국산으로 개발된 디지털식 사격지휘장치 FCS-2-23으로 관제되는 OTO Melara 54구경 127mm 단장포(單裝砲)가 대응한다. 또 근접 목표 방어용으로 20mm 6총신 기관포 CIWS Phalanx Mk15 블록 IA가 전·후부에 각 1기 배치되어 있다. 전자전(電子戰)에는 전파탐지(ESM)/전파방해(ECM)기능을 보유한 NOLQ-2가 활약한다.

내잠 관련해서는 자국산으로 개발된 함수(艦首) Sonar (SOund Navigation And Ranging) OQS-102 및 예인 소나(Towed Array Sonar) OQR-2를 갖추고 있어 필요에 따라 대잠 미사일 ASROC(Anti-Submarine ROCket) 또는 단어뢰(短魚雷) Mk46을 좌·우현에 각 1기 장착된 3연장(連裝) 발사관 HOS-302로부터 발사한다. 최근의 대잠작전에서 초계 헬기의 존재는 필수불가결하지만 '곤고'형의 경우에는 격납고를 갖추고 있지 않아 호위함에서 뜨고 내리는 헬기에 급유하기 위한 발착 갑판을 갖추고 있을 뿐이다.

'곤고'형 미사일 호위함의 능력 향상

이와 같이 위협이 되는 항공기와 대잠미사일 등에 대응하는 고도의 방공(防空)능력을 중심으로 구성된 이지스 시스템은 동서 냉전 종식(1989년) 및 소련 연방 붕괴(1991년)에 따라 세계적인 군사환경의 변화에 대응해야 하는 필요성이 대두되었다. 즉 소련군을 승계한 러시아군으로부터의 포화공격 가능성은 거의 생각할 수 없게 되었지만, 대신에 세계적으로 확산된 탄도미사일에 대응할 필요성이 생겼다. 미 해군에서는 이지스함인 'Ticonderoga'급 순양함과 'Arleigh Burke'급 구축함에 탄도미사일 방위능력을 보유하도록 개량·개조 공사를 개시했다.

일본에서도 '곤고'형 미사일 호위함에 탑재된 이지스 시스템에 탄도미사일 방위능력을 부여하게 되어 4척에 대해 2004~2007년도 예산으로 개조공사가 순차적으로 이루어졌다. 구체적으로는 다기능 레이더 SPY-1D의 목표탐지 추미거리 확대 및 목표 식별능력 향상, 발사하는 대공미사일 관제 소프트웨어 개량, 대기권 밖에서 목표 탄도미사일을 요격할 수 있는 대공미사일 SM-3의 장착 등이다.

탄도미사일 방위능력 ABMD3.6(Aegis Ballistic Missile Defense 3.6)을 갖춘 '곤고'급 4척은 모의 탄도미사일 요격실험을 2007~2010년에 각 1척 실시했다. 2007년 12월 태평양 하와이 앞바다에서 실시된 발사실험(JFTM-1)에서는 준중거리 탄도미사일(MRBM)급의 탄도분리형 모의 탄도미사일을 1번함 '곤고'의 다기능 레이더 SPY-1D가 탐지, 추미하여 스탠다드 미사일 SM-3 블록 IA를 발사, 약 3분 후에 고도 약 160km 에서 명중시킴으로써 요격에 성공했다.

그 후 이듬해인 2008년 11월에 실시된 4번함 '초카이'에 의한 발사실험(JFTM-2)은 스탠다드 미사일 SM-3 블록 IA에 문제가 생겨 요격에 실패했는데, 2009년 10월 3번함 '묘코'에 의한 발사실험(JFTM-3) 및 2010년 10월 2번함 '기리시마'에 의한 발사실험(JFTM-4)은 모두 고도 약 160km에서 모의 탄도미사일을 타격하는 데 성공했다.

최근 일본 본토 주변에서 탄도미사일 발사가 이루어지고 있는데, 이에 대한 경계·감시를 위해서, 그리고 탄도미사일이 일본 영토·영해로 추락할 가능성이 있는 경우에는 요격을 위해 '곤고'급 각 호위함이 순차적으로 출동하고 있다.

현 시점에서 '곤고'급 4척의 탄도미사일 방위능력의 형태는 ABMD3.6이지만, 향후 ABMD5.0으로 업그레이드될 것이다. 또 발사하는 요격미사일의 현재 장비는 SM-3 블록 IA인데, 미·일 공동개발이 추진되고 있는 SM-3 블록 ⅡA의 탑재가 예정되어 있다(2018년 이후). SM-3 블록 ⅡA는 블록 ⅠA보다 사거리를 대폭 연장하여(추정 1,200km → 2,000km) 목표 추미 성능도 향상되어 MRBM(준중거리 탄도미사일)과 IRBM(중거리 탄도미사일)뿐만 아니라 ICBM(대륙간 탄도미사일)도 요격이 가능해진다.

한편 앞서 서술한 바 있는 북한의 장거리 미사일 발사에 대비하여 파괴조치 명령을 수행하는 미사일 호위함이 탄도미사일 방위기능을 갖춘 '곤고'급 4척 중 사세보(佐世保)기지에서는 '기리시마' 및 '초카이'가 출항하여 동중국해로, 마이즈루(舞鶴)기지에서는 '묘코'가 출항하여 동해로 각각 향했다. 출항한 함정은 필요에 따라 장거리 괴비상체를 탐지·추미하여 만에 하나 일본 영토 및 영해에 추락해 피해가 예상되는 경우 스탠다드 미사일 SM-3 블록 I A를 발사·요격할 예정이었으나 그런 사태로까지 발전하지는 않았다.

'아타고(Atago, 愛宕)'급 미사일 호위함

앞서 언급한 바와 같이 '아타고'급(만재배수량 1만톤, 전장 165m) 2척은 오랜 기간 호위함대를 뒷받침해 온 '다치카제'급 2척의 제적·퇴역(2007년 및 2008년)에 따라 그 뒤를 잇는 최신 미사일 호위함이다. 추진계통은 가스터빈 4기(총 10만 마력)에 의한 COGAG방식으로 스크류 프로펠러 2축 구동, 최대 속력 30노트이다. 특히 전투능력에 대해서는 각 분야별로 살펴보도록 하자.

대공미사일 시스템

'곤고'급에 이어 '아타고'급에 탑재된 대공미사일 시스템인 이지스 시스템은 최신 베이스라인 7.1J(미 해군 베이스라인 7 phase1의 일본판 J)이다. 미 해군 'Arleigh Burke(알레이 버크)'급 구축함인 FLIGHT ⅡA에 속하는 통산 41번함 DDG-91 (2004년 5월 취역)부터 장착이 시작된 베이스라인 7.1의 경우에는 전파 환경이 열악한 연안해역에서의 방해전파(jamming)나 클러터(Clutter, 해면·육지에서의 반사)에 대한 다기능 레이더 SPY-1D의 대응능력을 향상시킨 SPY-1D(V)이다.

시스템의 중심인 다기능 레이더 4면 고정형 안테나는 '곤고'급 SPY-1D의 경우에는 4면 모두 상부 구조물의 03갑판 레벨에 장착되어 있는데, '아타고'급의 SPY-1D(V)는 전부(前部) 2면은 03갑판 레벨, 후부(後部) 2면은 한 단 올려서 04갑판 레벨이다. 그 결과 후부(後部) 2면에 의한 레이더 시계(視界)가 확대된다. 또 SPY-1D(V)의 경우에는 4면의 고정형 안테나 중 서로 맞닿아 있는 2면에서 동시에 한 줄기씩 전파 빔을 방사하여 반사전파를 각각 독립적으로 신호처리장치에서 처리함으로써 고속으로 목표수색 탐지가 가능하다.

다기능 레이더 이외에 대수상(對水上) 레이더 OPS-28E 및 항해 레이더 OPS-20B를 탑재하고 있는데, 이는 모두 다른 호위함에 탑재되어 있는 자국산 개발 기종이다.

나아가 베이스라인 7.1의 경우는 장착되어 있는 시스템 전체가 네트워크화 되어 COTS(Commercial Off The Shelf)로 불리는 민생품이 대폭 사용되었다. 특히 컴퓨터는 베이스라인 5 이전에 채택된 군용 UYK-43에서 대폭 성능을 향상시킨 COTS형 UYQ-70 시리즈이다.

대공미사일 및 대잠미사일을 발사하는 8셀 수직발사기 Mk41은 12기 탑재로 '곤고'급과 차이가 없지만, '아타고'급의 경우에는 전부(前部) 8기(64셀), 후부(後部) 4기(32셀)로 '곤고'급과는 반대로 배치되어 있다. 또 전부(前部)의 64셀 및 후부(後部)의 32셀은 '곤고'급과 달리 모두 미사일 장전·발사용이다. 즉 미사일 canister(격납공간) 장전용 크레인은 격납되어 있지 않다.

발사하는 대공미사일은 SM-2의 최신형 블록 ⅢA 및 ⅢB로 특히 블록 ⅢB는 Seeker에 적외선 수색기능을 갖고 있다. 대공미사일 발사 후의 관성 유도나 종말기의 사격통제장치 Mk99의 illuminator SPG-62 3기(전부는 함교상에 1기, 후부는 제2연돌 후방에 2기)에 의한 반능동 레이더 유도(Semi-active radar homing) 방식에는 변경이 없다.

이와 같이 '아타고'급은 다양한 면에서 '곤고'급을 발전시킨 방공능력이 높은 미사일 호위함이라고 할 수 있다. 그러나 취역 후 개조된 '곤고'급과 같은 탄도미사일 방위기능은 보유하지 않았다. 이 때문에 2012~2014년도 방위예산으로 '아타고'급 2척에 탄도미사일 방위기능을 갖추기 위한 개조 공사가 추진되고 있다.

이 개조 공사에서는 현재 장착되어 있는 다기능 레이더 SPY-1D(V)의 수색탐지 추미거리 확대, 탐지 추미 목표의 식별능력 향상, 탄도미사일 요격용 미사일 SM-3 블록 ⅠA(추후에는 블록 ⅡA)의 탑재 및 관제 소프트웨어 수정 등이 이루어진다. 2016년경에 완료될 것으로 예상되는 수정 이후의 형태는 이지스 시스템 베이스라인 9, 이지스 탄도미사일 방위 ABMD 5.0이 될 것으로 보인다.

대함미사일 시스템

원거리 수상(水上)목표에는 자국산으로 개발한 대함미사일

SSSM-1B가 대응한다. '곤고'급에서의 Harpoon 대신에 탑재된 대함미사일 SSM-1B는 제식명칭이 90식 함대함(艦對艦) 유도탄으로 불리며, 항공자위대의 80식 공대함(空對艦) 유도탄 ASM-1을 베이스로 개발된 육상자위대의 88식 지대함 유도탄 SSM-1을 함재화(艦載化)한 것이다.

제1연돌 및 제2연돌 사이에 좌·우현을 향해 각 1기 배치되어 있는 4연장 발사통에서 발사되는 SSM-1B는 고체연료 부스터 및 터보 제트에 의해 아음속(亞音速)으로 추진한다. 비상(飛翔) 초·중기에는 관성 유도방식이 사용되고, 종말기에는 능동 레이더 유도(Active radar homing)로 목표에 접근한다. 사거리는 100km 이상이다.

함포 시스템

전(前)갑판에 탑재되어 있는 주포는 최신 62구경 127mm 단장포(單裝砲) Mk45Mod4이다. 127mm 단장포는 '곤고'형의 경우에는 이탈리아의 OTO Melara사 계통 54구경포였는데, '아타고'급 Mk45Mod4의 경우에는 62구경으로 포신이 8구경분(약 1m) 연장되었다. 미 해군에서는 Mk45Mod4포를 대지(對地) 공격능력 강화를 위해 'Arleigh Burke'급 구축함인

31번함 DDG-81(2001년 취역)부터 탑재되기 시작했으며, 최대 사거리는 37km로 확대된다.

또 127mm 단장포 Mk45Mod4의 관제에는 함교상에서 illuminator SPG-62의 전부(前部)에 설치되어 있는 광학식 방위판 Mk46 OSS를 포함한 사격지휘장치 Mk160이 사용된다. '곤고'급의 경우에는 레이더 전자광학 방위판을 갖춘 고성능 사격지휘장치 FCS-2-21G/H로 127mm 단장포를 관제해 왔다. 그러나 '아타고'급은 FCS-2 시리즈 사격지휘장치가 장착되어 있지 않아 포 관제에 다소 불안감이 남는다.

접근하는 대함미사일 등을 방어하는 6총신 20mm기관포 CIWS phalanx는 '곤고'급의 경우에는 Mk15 블록 1A였는데, '아타고'급은 블록 1B라고 불리는 성능 향상형이다. 블록 1B는 적외선 촬상(撮像) 장치가 부착되어 수상(水上)목표 대응 능력이 향상되었고, 총신이 18인치(약 46cm) 연장되어 사격시의 명중 정도(精度) 향상을 기했다. 함교 전방에 1기 및 후부(後部) 격납고상에 1기가 탑재되어 있다.

이 밖에 기총 탑재를 위한 범용 총좌(銃座)가 선체 주변 6곳에 설치되어 있으며, 12.7mm기총 외에 7.62mm기총 또는

5.56mm기총 중 하나가 장착 가능하도록 되어 있다. 무장한 괴선박이나 해적선 등 이른바 비대칭 위협에 대한 대응용이다.

대잠 시스템

대잠 관련해서 소나는 '곤고'급의 일본 국산 기종 OQS-102 장비를 대신해서 미 해군의 대잠 소나 시스템 SQQ-89(V)가 채택되었다. 함수(艦首) 소나는 저주파형(3~4kHz) SQS-53C이다. 일본 국산으로 개발된 TAS(Towed Array Sonar, 예인형 소나) OQR-2D-1은 '아타고'의 경우 나중에 장착하게 되었지만 2번함 '아시가라'는 취역 당시부터 장착되었으며 함미에는 사출구(射出口)가 설치되어 있다.

소나로 탐지·추미된 수중 목표에 대해서는 수중공격지휘장치 Mk116으로 관제되는 대잠미사일 ASROC(Anti-Submarine ROCket) 또는 Mk46/97식 단어뢰로 공격한다.

ASROC(Anti-Submarine ROCket)은 대공미사일과 공용되는 수직발사기 Mk41로 발사되어 10km 이상 비상한 후에 목표 잠수함이 잠항하고 있을 것으로 판단되는 해역 상공에서 탄두의 단어뢰를 분리하여 낙하산으로 낙하시킨다.

한편 함상에서 단어뢰의 직접 발사는 단어뢰를 장전한 3연장 발사관 HOS-302를 현측(舷側)에서 선회시켜 소정의 방향을 향해 실시된다.

또 대잠작전에서 위력을 발휘하는 초계헬기 SH-60K로부터 데이터 링크장치를 경유하여 각종 데이터를 얻을 수 있다. 특히 헬기가 소정 해역에서 투하하는 소노부이 데이터는 함에 배치된 대잠 소나 시스템 SQQ-89(V)에 입력되어 대잠작전에서 커다란 역할을 한다. 초계헬기 SH-60K에는 대잠단어뢰(Mk46 또는 97식) 이외에 대잠폭탄과 Hellfire 대잠미사일, 7.62mm 기총도 탑재하여 필요에 따라 공격이 가능하다.

전자전 시스템

전자전 시스템에는 기존 호위함에 탑재되어온 일본 국산 NOLQ 시리즈 중 NOLQ-2B가 채용되어 있다. 전파탐지기(ESM) 및 전파방해기(ECM)로 구성되어 있는 NOLQ-2B는 ESM이 마스트(mast) 상단부, ECM이 함교상 좌우에 각각 배치되어 있다.

채프 로켓(Chaff Rocket)탄을 발사하는 시스템 SRBOC

Mk36도 정비되어 있으며 130mm 6연장 발사기 Mk137이 함교 바로 밑의 01갑판 좌우현에 각 2기 배치되어 있다.

통신장치

'아타고'급은 해상자위대 내부뿐만 아니라 미 해군과도 공동작전을 실시할 가능성이 있기 때문에 네트워크를 형성하여 각 부대와 정보를 주고받는 것이 매우 중요하다.

전술적인 네트워크로서는 링크11(단파 HF/극초단파 UHF) 및 링크16(극초단파 UHF)이 준비되어 있으며, 디지털 전술 데이터가 송수신된다. 그러나 링크11 및 링크16의 UHF는 가시권 내에서의 통신으로 국한되기 때문에 항공자위대 AWACS(Airborne Warning and Control System, 공중 조기 경보기) 등 항공기의 중계를 통해 가시권 외의 통신을 확보할 수도 있다.

탄도미사일 조기 경계정보 등 광역적인 정보에 대해서는 미 해군으로부터 UHF 통신위성을 사용하는 데이터 링크인 STADIL-J가 활용된다. 이를 위한 위성통신장치 USC42의 안테나가 함교 구조물의 전·후부에 각 1기 장착되어 있다. 또 슈퍼버드 통신위성용 안테나가 마스트 저단부 양쪽에 각

1기 배치되어 있다.

이 밖에 탑재하는 초계 헬기 SH-60K와의 통신에 사용하는 데이터 링크 ORQ-1B의 안테나가 마스트 상부에 장착되어 있다.

운용

이와 같이 높은 전투능력을 보유한 '아타고'급 이지스 호위함은 다음과 같이 운용된다.

- 탄도미사일 방위: 현재 진행 중인 개조를 통해 ABMD5.0이 부여됨으로써 발사된 탄도미사일을 조기에 탐지·추미하여 스탠다드 미사일 SM-3으로 요격한다.
- 중요 해역의 경계 감시 및 제해: 레이더, 전자전기기, 대잠기기, 통신기기 등 고도의 장비를 활용하여 일본 주변의 중요 해역을 경계 감시하는 동시에 제해(sea control)권을 확보한다.
- 도서(島嶼)방위: 많은 도서들로 구성되어 있는 일본 해역에 대한 외국의 침공을 억지하는 동시에 유사시 저지 행동으로 이행한다.

- 해상교통로 방위: 일본의 존립에 필요한 무역과 전략의 관점에서 중요한 해상교통로(sea lane)를 방위한다.

차기 미사일 호위함(27/28DDG)

이상과 같이 현 시점(2016년)에서 활약하고 있는 미사일 호위함은 '하타카제'급 2척('하타카제' 및 '시마카제'), 이지스 시스템을 탑재한 '곤고'급 4척('곤고', '기리시마', '묘코', '초카이') 및 '아타고'급 2척('아타고' 및 '아시가라') 등 총 8척이다.

이 중 비(非) 이지스함인 '하타카제'급 2척은 각각 1986년 및 1988년에 취역해 곧 함령(艦齡) 30년을 넘게 되면서 후계함(後繼艦)으로서 2015년도 및 2016년도함(27/28DDG)이 계획되었다. 8,200톤형 호위함으로 불리는 후계 미사일 호위함은 당연히 이지스 시스템을 장착하는데, '곤고'급 및 '아타고'급과는 달리 취역시부터 이지스 시스템에 탄도미사일 방위기능을 갖추고 있다.

기준배수량이 8,200톤인 27/28DDG는 만재배수량 1만 천톤, 전장 169.9m로 계획되었으며, '아타고'급에 비해 둘레가 한 사이즈 크다. 선체 구조·구성은 '아타고'급을 답습하고 있지만, 선체 외부의 요철 부분에 최대한 차폐 처리를 하여 레이더 스텔스 성능이 강화될 것으로 보인다.

추진계는 주 가스터빈 2기 및 전동기 2기(주 가스터빈과는 다른 별도의 가스터빈으로 구동되는 발전기 2기로부터의 전력공급)에 의한 COGLAG(COmbined Gas turbine eLectric And Gas turbine) 방식으로 스크류 프로펠러 2축 구동, 최대 속력은 30노트로 계획되어 있다. 이 COGLAG방식은 저속항해시에 전동기로 추진함으로써 연료효율이 향상되는 것으로 알려져 있다.

장착되는 이지스 시스템은 탄도미사일 방위기능으로 ABMD 5.1이 채용될 것으로 보인다. 다기능 레이더는 SPY-1D(V)로 변화가 없지만, SPY-1의 레이더 신호처리와 탄도미사일 신호처리를 통합한 신규 개발 다임무 신호처리장치 MMSP(Multi Mission Signal Processor)와 미일 공동개발능력이 향상된 요격미사일 SM-3 블록 ⅡA 등이 장착될 것으로 보인다. 데이터 링크 기능도 강화되어 자함(自艦)의 SPY-1 레이더로 목표를 탐지하고 추미 정보가 없어도(즉 목표가 자함의 SPY-1 레이더 최대 탐지 추미거리 이상 떨어져 있다 하더라도) 타함(他艦)의 SPY-1 레이더와 육상에 배치되는 TPY-2 레이더로부터 인공위성을 경유한 목표 데이터로 SM-3을 발사·유도하여 목

표 탄도미사일을 요격하는 원격 교전 EOR(Engage on Remote)
이 가능해진다.

EOR과 유사한 SM-3 발사방식에 원격발사 LOR(Launch
on Remote)이 있다. EOR의 경우에는 자함의 레이더(SPY-1)로
목표를 탐지·추미하지 않아도(즉 목표가 자함의 SPY-1의 탐지·추
미거리 이상 떨어져 있다 하더라도) 자함(自艦) 이외로부터 받은 목
표 데이터를 통해 SM-3 발사가 가능하다. 그러나 LOR의 경
우에는 설령 외부 레이더 정보로 SM-3를 발사하더라도 이후
자함의 레이더(SPY-1)가 목표를 탐지·추미하여 SM-3를 유도
하지 않으면 안 된다. 이는 요격미사일 사거리가 자함 레이더
의 탐지·추미 거리보다 크면 LOR의 경우 요격미사일의 발
사는 가능하지만 유도 개시는 자함(自艦) 레이더의 탐지·추미
거리로 제한된다는 것을 의미한다. LOR은 운용이 제한적이
지만 자함의 레이더가 목표 탐지·추미를 하기 이전부터 일찌
감치 요격미사일을 발사할 수 있다는 이점이 있다.

원격발사 LOR은 ABMD3.6.1부터 가능해졌는데, 최대 사
거리가 블록 ⅠA/B에서 ⅡA로 연장되는 SM-3시리즈의 경
우 원격 교전 EOR이 매우 유효하며 ABMD5.1부터 실현 가
능해진다. 참고로 앞서 언급한 바와 같이 ABMD5.0이 적용

되는 '아타고'급은 LOR은 가능하지만 EOR은 불가능하다.

MMSP(Multi Mission Signal Processor)는 차세대 탄도미사일 방위와 기존 방공능력(항공기와 대잠미사일 대응능력)을 오픈 전투 시스템 아키텍처 및 COTS(Commercial off-the-shelf, commercially available off-the-shelf, 상용 기성품) 하드웨어로 통합한 것이다. MMSP에 의해 가능하며, IAMD(Integrated Air and Missile Defense)로 불리기도 하는 신기능의 경우 탄도미사일 방위는 대공미사일 SM-3시리즈, 종래형 방공(항공기와 대함미사일 대응)은 SM-2시리즈가 담당하는데, 수평선 외의 종래형 목표에도 대응 가능한 능동유도(Active homing)방식 SM-6(미 해군에게 취득 가능한 경우)의 운용도 시야에 두고 있다.

또 사격지휘(탄도미사일 요격 이외의 사격지휘)에 이용 가능한 정도(精度)의 정보를 실시간으로 호휘함·호위기와 공유하는 공동 교전능력 CEC(Cooperative Engagement Capability)도 27/28DDG에 부여된다.

미 해군에서는 MMSP의 육상에서의 확인실험이 2011년에 실시되었으며, 2013년에는 실제 함정(이지스 순양함)에서의 확인실험도 실시되었다.

이 밖에 함재포는 62구경 127mm 단장포 Mk45Mod4, 대함미사일은 SSM-1B(90식 함대함 유도탄)가 될 것으로 보여 '아타고'급과 차이가 없다.

대수상(對水上) 레이더는 '곤고'급과 '아타고'급에 탑재되어 온 일본 국산 OPS-28시리즈가 아니라 미 해군 이지스 구축함과 원자력 항모로 나중에 장착이 추진되는 SPQ-9B가 채용된다.

대잠 관련해서는 미 해군이 운용하는 수중 전투/대잠수함 전투시스템 SQQ-89A(V)15의 일본판(FMS기자재) SQQ-89A(V)15J가 장착되는데, 이 시스템은 대잠전을 향해 목표의 탐지, 특정, 종류별 및 선정(공격으로 이행하기 위한 목표선정) 능력을 갖고 있다. 구성품인 선체 소나, Towed Array Sonar, 소노부이 등으로부터의 능동·수동 소나 데이터를 통합·처리하여 수중음향 전술 상황을 표시한다. 능동·수동적 목표탐지와 더불어 수중사격 지휘, 승무원 훈련, 고도의 표시 서브 시스템, 소노부이 신호처리를 위해 LAMPS 헬기와의 통합을 포함해 광범위한 수중전 기능을 갖추고 있다. 선체 소나로서는 SQS-53C, Towed Array Sonar는 MFTA(Multi-Function Towed Array) TB-37이 채용된다.

대잠무기는 대공미사일 발사와 공용 수직발사기 Mk41에서 발사되는 수직발사 ASROC(Anti-Submarine ROCket, 07식 수직발사 어뢰 투사 로켓) 및 3연장 어뢰 발사관 HOS-303에서 발사되는 단어뢰(97식/12식 어뢰)이다.

위와 같은 센서와 무기 관련 외에 C4ISR 능력도 강화될 예정이다. 미사일 호위함은 헬기 호위함과 함께 호위함대 내에서 지휘 관제의 중심적 역할을 하기 위해 해상자위대 지휘통제·공통기반 MARS(Maritime Self Defense Force Command, Control and Common Service Foundation)시스템이 관여한다. MARS시스템은 지금까지 운용되어온 해상 작전부대 지휘통제 지원 MOF(Maritime Operation Force)시스템을 개조하여 관련 시스템과의 통합을 도모하여 정보 공유화 능력이 강화된다고 한다.

이와 같이 계획된 8,200톤급 호위함은 1번함 27DDG가 2020년, 2번함 28DDG가 2021년에 각각 취역이 예정되어 있으며 함령 30년을 초과하는 '하타카제' 및 '시마카제'와 교체된다. 이에 따라 해상자위대의 미사일 호위함은 8척 모두 탄도미사일 방위기능을 갖춘 이지스 시스템 탑재함이 된다.

일본은 북한 미사일을 격파하는 모의실험에서 사정거리 1,300km의 노동미사일이 20발 날아온다면 18발을 요격하고 1발은 북한 자체가 발사실패, 나머지 1발이 일본 동경 중심지 방위성이 있는 이치가야에 떨어진다는 결과를 얻었다. 방위성 근처는 일본 천황 그리고 대부분의 정부 청사가 몰려 있는 곳이다. 북한은 2016년부터 2017년까지 약 40발의 미사일을 발사했고 일본의 위협이 되는 노동과 스커드 ER(사정거리 1,000km)를 약 수백발 보유하고 있어 미사일을 한꺼번에 쏘아대면 일본은 공황상태에 빠진다는 방어전략을 갖고 있다. 그래서 2020년도에 이지스함 8척 체제를 갖추고 아키다현과 야마구치현에 2023년도에 이지스 어쇼와를 배치하면 충분한 요격 시스템을 갖출 것으로 전망하고 있다.

　　일본은 지구상 그 어떤 민족보다도 미래를 철저하게 준비하는 나라다. 이지스함 8척 체제도 그 일환이다. 미국의 보호 내지는 견제하에 군사력을 증강해 온 일본이지만 미국이 늘 함께 있어 더 이상 군사대국이 되는 것을 모순된 말이지만 막아주고 경계하는 미일 관계가 되었으면 한다.

04

스텔스Stealth 전투기 포착하는
일본 레이더Rader

스텔스Stealth 전투기 포착하는 일본 레이더Rader

 일본의 하와이 진주만 공격으로 미국과의 태평양 전쟁이 시작되었다. 미 태평양 함대가 괴멸되다시피 한 미국은 전열을 재정비하여 총반격에 나섰고 일본이 패망하는 결정적인 전투가 미드웨이 해전이었다. 태평양 전쟁에서 일본을 패망시킨 미드웨이 해전을 직접 지휘했던 킹 제독은 일본 방위대학이 발간한 [과학기술사]에서 "일본보다 한발 먼저 레이더를 개발했기 때문에 승리할 수 있었다"고 회고했다. 전쟁 말기에 레이더로 일본의 항공기가 공격해 오는 것을 먼저 볼 수 있었기 때문에 대비할 수 있었고 역공격을 해 일본을 패망에 이르게 할 수 있었다는 것이다. 물체에 부딪히면 반사되는 단파의 성질을 이용한 레이더 개발에 각국이 경쟁하던 시절이었는데 미국이 일본 보다 한발 앞서 레이더를 개발함으로써 일본 전투기들이 공격해 오는 것을 사전에 탐지할 수 있어서 일본의 공군력이 급속이 망가지게 된 것이다.

레이더에 대해 통한의 아픔이 있는 일본은 세계 최초로 F-2 전투기에 고정형 능동주조형 레이더 AESA를 탑재하게 되고 일본의 레이더 실력은 미국을 앞지를 정도로 발전에 발전을 거듭해 레이더만큼은 일본이 세계 최고라는 평가를 받고 있다. 이제 세월이 흘러 걸프전쟁 때 최초로 등장한 미국의 F-117A는 레이더가 탐지하기 쉽지 않은 스텔스 전투기였다. Stealth(스텔스)라는 말은 Steal이라는 말의 명사인데, 우리가 야구시합을 볼 때 1루 주자가 투수의 눈을 피해 도루, 즉 스틸 한다는 말처럼 상대방 레이더의 탐색을 피한다는 의미가 된다. 이라크는 미국의 F-117A 전투기를 레이더를 통해 포착할 수 없었고 이라크의 주요 지휘부와 군사시설이 초전에 박살나는 바람에 이라크의 군사력은 궤멸되고 말았다. F-117A는 레이더 반사면적을 줄이기 위해 일반 항공기와는 달리 평면판을 각도(角度)를 갖고 비스듬하게 조립되어 있는데 이렇게 설계된 F-117A는 이라크의 레이더파를 맞아도 그대로 반사되는 것이 아니고 다른 방향으로 반사되는 형상으로 설계된 전폭기였다. 일반 전투기의 형태처럼 둥그런 모양이 아니고 뾰족한 판넬로 이어진 비행체 그 자체가 레이더의 반사면적을 줄이게 되어 스텔스 성능을 유지할 수 있었고 비행속도도 아음속 속도인 0.92로 엔진에 의해 레이더파 포착을 줄일 수 있었다. 엔진이 아음속이기 때문에 초음속으로 비행하기 위한 애프터 버너를 장착하지 않아도 되니 엔진에 의한 적외선 탐지도 피할 수 있었다. 그리고 레이더파의 포착을 피하기 위한 기체구조가 그 당시로서는 매우 특이한 형상구조였고 특수 도료가 기체에 칠해져 있어 레이더파를 흡수하는 F-117A였다. 이 페인트는 일본이 제공한 것으로 미국의 Kent Calder 교수는 Pacific Community의 논문집에서 소상히 밝히고 있다.

F-117A로부터 시작된 스텔스 전투기의 시대는 미국의 F-35, F-22, 일본의 '심신' 전투기들을 거치며 스텔스 성능이 더욱 향상되어 웬만한 레이더로는 스텔스 전투기를 탐지할 수 없게 되었다. 예를 들어 미국의 B-2 스텔스 전폭기는 기존의 레이더가 1만m 이상의 상공에서 참새를 포착해야 할 정도로 스텔스 기능이 향상되었으니 기존의 레이더들은 무용지물이나 다름없게 되어 버렸고 일본에는 역으로 스텔스 항공기의 쪼그만 흔적이라도 잡으려는 레이더의 개발로 쫓고 쫓기는 싸움이 벌어지고 있는 것이다. 일본은 이 전투기들을 포착하기 위한 레이더를 개발함으로써 스텔스의 시대에 도전하고 있는 것이

다. 스텔스 전투기는 상대방 레이더 전파를 흡수해서 반사되지 않도록 하거나 아니면 다른 방향으로 산란시켜 전파를 쏘았던 레이더에 포착되지 않으려 하는데 일본은 이에 대한 대책을 현명하게 하고 있다. 아무리 스텔스 성능이 뛰어난 상대방 전투기라도 눈곱만한 흔적이라도 포착하기 위해 레이더 성능개선에 최선을 다하고 그도 안 되면 산란된 전파를 붙잡는 다른 레이더를 분산 배치시켜 필사적으로 스텔스 전투기의 흔적을 찾으려 한다는 점이다. 한국도 이점을 고려할 필요가 있어 일본 레이더의 성능과 그 전략을 살펴보기로 한다.

북한이 [위성발사]라고 일컫는 탄도미사일발사를 예고하면 일본의 방위성 대신은 파괴조치 등의 준비명령을 발표한다. 일본은 2012년 FPS-5 최종 4호기 수령으로 항공자위대의 탄도미사일 탐지망은 완성되었고 북한이 탄도미사일을 발사하면 그 즉시 탐지가 가능하게 되었다. 한편 2011년도부터는 스텔스기에 대처할 수 있도록 FPS-7 설계에 착수, 경계관제 레이더의 개선을 위한 새로운 단계에 들어서고 있다.

항공자위대에 있어, 2011년도는 차기전투기(F-X) 기종선정이 주목된 한해였지만, F-X로 결정된 스텔스 전투기 F-35A와 함께 미래의 일본 방공의 일익을 떠맡은 차기고정식 경계관제 레이더(J/FPS-7)에 대해서도 시스템설계회사의 선정이라는 큰 변화가 있었다. 이에 관련하여 2012년도 예산안에서는 일본 남서지역의 경계감시 강화를 위해 오키노에라부지마(沖永良部島)에 현재 갖고 있는 레이더를 FPS-7으로 교체하기 위해 약 29억 엔을 계상하고 있다. 이처럼 항공자위대는 J/FPS-5 레이더의 성능 향상에 이어, 이번 중기방위력정비계획부터 J/FPS-7의 시스템 구축을 시작하는 등, 고정식 경계관제 레이더의 정비를 착착 진행하고 있다. 그 배경에는 일본 주변국가인 러시아가 T-50, 중국이 J-20이라는 스텔스 전투기의 개발을 진행해 일본의 방공태세에 있어 스텔스기의 위협이 증가하고 있기 때문이다. 2011년 말 미 국방장관은 중국이 2020년대에 중국의 스텔스 전투기를 무려 200대 정도를 보유하게 될 것이라고 예측했다. 이러한 상황 속에서 일본 방공에 관한 고정식 경계관제 레이더의 효과가 저하되는 것은 아닌지에 대한 의문이 제기되어 FPS-7 시스템 특징 및 항공자위대의 고정식 경계레이더의 미래계획이 등장한 것이다.

항공자위대는 현재, 전국 28개소의 레이더 사이트에 고정식 경계관제 레이더를 배치해 24시간/365일의 태세로 영공침범이나 항공침공 등에 대한 경계감시임무를 하고 있다. 그래서 현재 사용되고 있는 레이더는 미군으로부터 이관된

J/FPS-20 수색레이더와 J/FPS-6 측고(測高)레이더 조합과, 국산 J/FPS-2, J/FPS-3, J/FPS-4, J/FPS-5의 각 3차원 레이더이다. FPS-7 배치가 순조롭게 진행되면서 FPS-3 이후 3종류의 국산레이더가 FPS-7과 함께 운용되고 있다.

이러한 3종류의 국산레이더 이전에도 항공자위대는 방위청 기술연구본부와 미쯔비시전기가 개발한 FPS-1(총 7개소의 레이더 사이트에 배치), 직접 조달한 일본전기제품의 FPS-2(총 11개소의 레이더 사이트에 배치)와 국산 고정식 경계관제 레이더에 의해 항공경계관제망을 정비해 왔다. 이 FPS-1, FPS-2에 이어 국산 레이더 기술을 쌓은 다음에, 1990년대 이후의 주된 항공위협에 대처할 수 있는 레이더를 목표로 한 것이 FPS-3이다. FPS-3는 항공막료감부의 개발요구에 근거해 기술연구본부가 미쯔비시전기를 주 계약 회사로서, 쇼와58년도부터 개발에 착수했다. 개발에 있어서는 새로운 위협으로 간주되는 低RCS(Radar Cross Section: 레이더 반사단면적)화와 빠르게 진행되는 항공기, 공대지미사일과 대전파방사원(反電波放射源) 미사일에 의한 공격, 전자전능력(電子戰能力)의 증가에 대처할 수 있도록, 탐지·추적능력(追尾能力)과 전자선능력 등 레이더 그 자체 성능 향상은 이전보다, 항감성(抗たん性=抗壞)의 향상과 높은 신뢰성·정비성도 중시하고 있다.

그 때문에 FPS-3는 고성능 Active Phased Array Radar 방식을 채용한 원거리용과 근거리용 2종류의 공중선(안테나) 장치를 갖고, 종래의 레이더보다 탐지·추적능력을 향상, 또한 대전파방사원 미사일에 대해서는 의사(擬似)전파발생장치(decoy)가 미끼전파를 내서 대응, 더욱이 신호처리장치 등을 공중선(안테나) 장치에서 분리해 지하에 설치함으로써 항감성(抗たん性)이 대폭 향상되었다. FPS-3가 평성원년(1989년)에 개발을 마치고, 3년도 말에 쿄가미사키(経々岬)기지에 배치된 것을 시작으로, 11년도까지 총 7기가 배치됐다. 그동안 일본의 재정상황의 악화로 전자부품 등의 고갈문제가 발생되었다는 점도 있어 FPS-3 후속 취득이 어려운 상황이 되었다.

그래서 FPS-3와 동등한 성능을 보다 염가로 실현하는 것을 목적으로서 FPS-4의 도입이 계획되었다. 도입에 있어, 기술연구본부에 의한 기술개발을 거치지 않고, 항공자위대가 직접 조달하게 되었고, 평성10년도에 토시바(東芝)의 제안을 채용했다. FPS-4는 공중선(안테나) 장치, 신호허리장치, 표시제어장치, 의사전파발생장치로 구성되었으나, 1기뿐이었던 공중선(안테나) 장치는 고성능과 가격을 양립시키기 위해, 대형 안테나 2장을 맞대어 배치, 회전시키고 더불어 최신 디지털 빔 처리기술을 선택, 다방면으로 오는 전파를 동시에 수신할 수 있는 기능을 갖추었다. 이처럼 FPS-3이 7개소 레이더 사이트에, FPS-4가 6개소 레이더 사이트에 배치함으로써, FPS-20과 FPS-1이 차례차례 갱신되었고, 특히 7기 있었던 FPS-1은 전부 FPS-3와 FPS-4로 교체되었다.

그런데 1998년 8월 북한의 중거리 탄도미사일 발사 실험을 실시한 것을 계기로 기술연구본부에서 1989년도부터 개발중인 [FPS-XX(후의 J/FPS-5)]에 당초 개발요구에 포함되지 않았던 [탄도미사일 대처]기능이 부여되는 등, 한층 더 레이더 탐지·추적능력 향상을 요구하게 되었다. 북한 미사일 발사로 일본 정부는 평성15년(2003년) 12월에 BMD(탄도미사일 방위)시스템의 도입을 각의·안전보장회의에서 결정했다. 또한 평성 16년(2004년) 12월 10일에 사상처음으로 '탄도미사일 방위에도 사용될 수 있는 주요장비·기간부대'의 배치가 제시되었고, 항공자위대의 항공경계관제부대에 대해서는 7개 경계군/4개 경계대가 탄도미사일 방위에 해당된다는 것이 명시되었다.

이를 계기로 항공자위대에 결여되었던 탄도미사일의 탐지·추적기능을 갖출 수 있도록 하고, FPS-3를 개량해 탄도미사일의 탐지·추적능력을 부여하는 것과 동시에 BMD시스템의 기간 레이더라고도 불리는 FPS-5 정비에 착수했다. FPS-5

레이더의 개발로 전역탄도미사일 대처, 스텔스 항공 목표, 고속·장사정 공대지 미사일, 저고속화 하는 순항미사일 등 미래의 항공위협에 대처할 수 있게 되었다. 이러한 요구를 충족시키기 위해 FPS-5는 안테나 장치, 신호처리장치, 신호처리장치라고 하는 구성이지만, 탐지·추적능력 향상을 위한 안테나 장치는 미래의 고정식 경계관제레이더의 구조물을 웃도는 높이 약 34m의 3각 기둥 형태의 거대한 구조물로 되어 있다. 이 3벽면에는 [카메라 레이더] 애칭의 유래가 된 거북이 등껍질 모양으로 가리는 Active Phased Array antenna 3기가 설치되었다. 그 중 1기는 직경 18m의 주경계면에서 원거리를 고속으로 비상하는 탄도미사일은 말할 것도 없이, 항공기나 순항미사일에도 대처 가능한 탐지추적용 안테나, 남은 2기는 12m의 경계면은 항공기, 순항미사일 대처용 안테나로 구성되어 있다. 그리고 이 거대한 구조물 전체는 탐지 목표 종류와 방위에 부응해 회전할 수 있다는 점에서 모든 항공위협에 대처가능 하도록 되어 있다.

FPS-5는 기술연구본부 제2연구소(현 전자장비연구소) 이오카출장소(飯岡支所)에 설치된 시험기에 의한 기술과 항공자위대 전자개발실험진의 기술·실용시험을 통해 개발을 마쳤다. 2006년도에 미쯔비시전기에 발주된 양산(量産) 1호기가 FPS-2

를 갱신할 수 있도록 2008년에 시모코시키도분둔기지(下甑島
分屯基地)에 배치됐다. 그 이후 모든 FPS-2를 교체하는 형태
로 2호기가 2009년도에 사와타리기지(佐渡基地), 3호기가 오미
나토기지(大湊基地)에 순차적으로 배치되고, 요자다케기지(与座
岳基地)에 최종 4호기 배치를 마쳤다.

또한 FPS-5의 개발·배치와 병행해 7기의 FPS-3에 관해
서는 BMD 대처기능을 보완하는 보수사업이 계획되어, 평성
20년도(2008년)에 카사토리야마(笠取山), 세후리야마(背振山), 카
모(加茂), 오오타키야마(大滝山)의 4기가, 2010년도에 쿄가미사
키(経ヶ岬), 와지마(輪島), 토베츠(当別)의 3기가 FPS-3(능력향상
형)으로 보수를 마쳤다. 이 결과, 항공자위대의 고정식 경계관
제레이더는 기존의 항공위협뿐만 아니라, 전역 탄도미사일의
탐지·추격기능을 모두 갖게 되었고, 비약적인 능력 향상을
달성했다고 할 수 있다.

일본의 BMD 시스템은 항공자위대의 고정식 경계관제 레
이더 외에 자동경계관제시템(JADGE)과 대지공유도탄 페트리
어트 PAC-3, 해상자위대의 이지스 호위함으로 구성되어 있
다. 그리고 2004년도에 정비를 시작한 일련의 BMD시스템
정비가 평성23년도 중에 거의 완성됨으로써, 2012년 7월부터

는 2013년 3월까지의 일정으로 항공자위대 와지마 기지와
노도반도(能登半島) 주변해역을 중심으로 BMD시스템의 종합
검증이 실시되었다.

국산고정식 3차원 레이더의 집대성이라고도 할 수 있는
FPS-5는 전역탄도미사일의 탐지·추격기능의 실현을 목표로
개발되어 그 능력을 갖고 있다. 따라서 탄도미사일과 같은
小RCS목표를 원거리에서 발견할 수 있는 능력을 가짐으로
써, '큰 것은 작은 것을 대신할 수 있다(大は小を兼ねる)'라는
표현처럼 스텔스 전투기와 같은 低RCS목표에도 충분히 대처
할 수 있다. 그러한 관점으로, 새로운 FPS-7을 도입하는 것
이 아니라, 4기로 조달할 수 있는 FPS-5의 정비를 지속하는
가능성도 열려있다. 그만큼 일본의 FPS-5 레이더는 성능이
매우 우수한 레이더로 평가된다.

더욱이 스텔스 항공기 출현으로 레이더는 쓸모없는 것이
아닌가라는 의문속에 레이더의 성능을 개선시켜 온 일본의
군사기술은 레이더의 성능을 향상시키면 레이더파의 반사면
적이 아주 적거나 아예 반사되면서 다른 방향으로 산란되어
레이더에 잡히지 않는 스텔스 전투기의 특징 때문에 레이더
의 필요성이 낮아지는 좌절의 시기도 있었지만 일본의 집요

한 기술개선은 이 문제를 해결했다. 다만 스텔스 기술이 더욱 높아져 포착 가능성이 더욱 낮아져 레이더의 기술과 배치 전략의 변화가 요구된다는 점은 지속적으로 그 성과를 추적해야 하는 등 레이더의 추적을 피하려는 스텔스 기술의 향상과 조그만 실마리라도 잡으려는 레이더 기술의 쫓고 쫓기는 싸움은 계속되리라 보여 진다.

그래서 일본은 또 다시 신형레이더를 개발해야 하는 것 아닌가라는 미래전략 구상을 하게 되는데 그것이 바로 FPS-7 레이더이다. FPS-7 도입을 늘리는 것이 좋은가 아니면 FPS-5의 성능개선을 하는 것이 좋은가에 대해서는 항공막료감부 방위부 관계자는 "FPS-5의 높은 탐지·추격성능을 실현하기 위해 안테나 장치 하나를 보더라도 기존의 레이더보다 크기는 대형화되었는데, 안테나 장치를 받치는 토대 등 모든 건설규모가 크지 않을 수 없게 되고 그 결과 1기당 FPS-5의 정비비용은 100억 엔 이상으로 늘어난다"고 했다.

이에 비해 FPS-7의 정비비용은 FPS-5의 약 4분의 1을 목표로 하고 있다. 그 때문에 FPS-7의 제작에 있어 탄도미사일의 탐지·추격능력은 필요하지 않고, 주로 스텔스기를 포함한 항공기와 고성능화되는 순항미사일의 탐지·추격기능을 중시할 생각이다. 또한 FPS-7은 FPS-5 개발 후 약 10년 동안 진보한 전자기술의 성과를 도입하는 것과 최첨단 민간기술의 활용으로 고성능 레이더를 염가로 실현할 방침이다. 특히 레이더의 송신 모듈에는 FPS-5에서 사용된 GaAs(Gallium Arsenide: 갈륨비소)를 대신해 이미 민수분야에서 채용실적이 있는 최첨단 반도체 소자 GaN(Gallium Nitride: 질화갈륨)을 활용하고 있다. 이로 인하여 FPS-7은 송신전파의 고출력화를 실현할 수 있고, FPS-5 보다 안테나와 구성물 등의 규모를 줄이면서, FPS-5에 맞먹을 수 있는 항공기와 순항미사일의 탐지·추격기능의 실현을 모색할 계획이다.

FPS-7의 구성은 근거리용 안테나 장치, 원거리용 안테나 장치, 신호처리장치 및 표시제어장치 등으로, 근거리용 안테나 장치는 3면으로 360도를 커버할 수 있다. 그런데 FPS-7은 GaN과 같은 최신기술을 적극적으로 도입하면서 FPS-4처럼 하나가 아닌 근거리용과 원거리용으로 분리하고 있다. 그 이유에 대해서는 내구성 향상을 모색하기 위함이다.

FPS-7 제작에 있어 기술연구본부의 기술연구 등을 포함하지 않고 FPS-4와 마찬가지로 항공자위대가 직접 조달할 계획이며 회사측의 기술력을 믿고 개발했다. 더욱이 방위성 장비시설본부에 의하면 FPS-7 시스템 설계는 '장래의 경계관제 레이더 장비의 방향성을 결정하는 중요한 조달이라는 점에서 기술적 요소 등을 더욱 평가할 필요가 있다'고 그 기준을 확고히 해 신중한 선정 작업이 이루어졌다.

2011년도에 들어 본격적으로 시작된 시스템 설계회사의 선정 작업은 토시바, 일본전기, 미쯔비시전기 3사가 응모한 가운데 각 기업의 제안내용을 검토·심사했다. 이만큼 일본의 방위산업은 그 토대가 튼튼하여 언제든지 마음만 먹으면 첨단 군사무기를 양산할 수 있는 능력을 갖추었다는 점이 부럽기 만하다.

제안내용 평가에 있어, 제작가격은 물론, 향후 30년 동안의 운용비용, 미래의 시스템 개발성 확보 등이 주 평가항목이 되었고 결과적으로는 실력이 백중하는 3기업 중에서 일본전기의 제안이 채용되어 '고정식 경계관제 레이더 J/FPS-7의 시스템 설계' 전부를 2억 6,680만 5,000엔으로 계약하게 되었다. 이 계약에서는 레이더 장치의 탐지추격기능, 전자전기능 및 모의훈련기능 등에 대해 설치 등 모든 조건을 고려한 시스템설계를 하도록 되었다.

이 설계 완료 후, FPS-7의 정비는 2012년도부터 오키노에라부시마(沖永良部島)를 위한 1호기 개발·제조단계로 이행을 진행했다. 항공자위대의 전국 28개소에 있는 레이더 사이트는 FPS-7로 1년에 1기 페이스로 순차적으로 갱신할 예정이다. 일각에서는 성능이 더욱 향상된 스텔스기의 출현으로 일본의 방공에 관한 고정식 경계관제레이더의 비중은 저하할 것인가 라는 의문인데, 이에 대해서는 고정식 경계관제레이더가 기상 조건 등에 좌우되지 않는 지속적인 경계·감시수단으로서 가장 우수한 존재라는 점은 변함없고 그 역할은 여전히 크다. 한편 항공자위대가 현재 보유하는 고정식 경계관제레이더는 FPS-20과 FPS-6처럼 구식레이더를 포함해 스텔스 전투기와 순항미사일 등의 低RCS목표 탐지 자체는 할 수 있지만, 低RCS목표 탐지거리는 점점 저하되고 있으며, 항공자위대로서는 해결해야 할 큰 고민거리이기 때문에 하루빨리 레이더 모두를 FPS-7으로 대체하는 것이 필요한데 국방예산은 늘어나고 있지만 예산을 달라는 곳은 많아 시기가 늦어질 전망이다. 레이더의 탐지능력이 저하됐다면, [발견·식별·요격·격파]의 방공시퀀스에 있어 요격을 위해 전투기를 긴급 출발시켜도 목표비행기가 무기발사지점(Weapon Release Line)에 도달하기 전에 요격하는 것이 매우 어려워지며, 레이더 사이트와 항공기지 등의 중요거점이 빠르게 무력화될 위험이 있다.

이러한 최악의 사태를 피하기 위해 스텔스기의 공격에 드러나는 레이더 부지와 상대적으로 탐지능력이 낮은 레이더 부지를 어떻게 방위 또는 보완할 것인지가 중요시 된다. 당해 레이더 부지의 저하된 탐지능력을 보완하는데 있어, E-767 조기경계관제기(AWACS)와 E-2C 조기경계기, 다른 레이더 부지 및 이동경계대의 이동식 3차원 레이더 장치 전개, 해상에 전개 중인 함정 레이더, 더욱이 인공위성의 각종 탐지수단을 복합적으로 활용한다. 그 중에서도 AWACS 등은 지속적으로 전개하는 것이 불가능하고 전개에 있어 호위 전투기를 동행시켜 일본의 항공우세가 확보되는 안전한 공역에 전개시키는 대책이 병행된다.

스텔스 전투기와 순항미사일 등의 공격으로 일본의 항공경계관제망에 구멍이 뚫리지 않도록 하기 위한 대책으로 여러 가지 방안이 구상되고 있는데 그 중에서도 주목할 만한 대책으로 Bistatic Radar 방식이 연구되고 있다. Bistatic Radar 방식은 레이더 송신기와 수신기를 분리해 설치함으로써 스텔스기를 향해 반사된 레이더 전파가 다른 방향으로 반사되었을 때, 떨어진 위치에 있는 수신기가 그 반사파를 포착한다는 것이다. 송신기와 수신기가 같은 장소에 있는 Monostatic Radar를 대신해 스텔스기의 탐지방법으로서, 세계적으로 연구가 진행되고 있다. 일본에서도 FPS-5의 개발단계에서 FPS-5 시험기와 인접한 다른 레이더 부지를 연결해 Bistatic Radar 방식의 시험을 실시했으나, 그 성과는 여러 사정으로 FPS-5 양산기(量産機)에는 반영되지 않았다. 그러나 이처럼 실제로 시험까지 마쳤다는 점에서 Bistatic Radar 방식의 도입은 비교적 순조롭고, FPS-7에서는 요구기능으로서 Bistatic 화의 확장성을 하고 있지는 않지만 성능 향상을 통해 가능하다고 전망되고 있다.

스텔스 전투기와 순항미사일 등에 대한 기술적인 대책 중, Bistatic Radar가 단기적인 대책이라는 점에 비해, 장기적인 대책의 일환으로서 완전히 새로운 형태의 고정식 경계관제 레이더 실현을 위한 모색이 시작되었다. 지금까지 봐왔듯이, 레이더가 스텔스 항공기 등의 低RCS(레이더반사면적) 위협에 대응하기 위해서는 안테나의 대형화·고출력화는 매우 유효한 수단이다. 그러나 J/FPS-5에서 볼 수 있는 레이더 안테나 등의 각종 장치의 규모 확대에만 의존하게 되면 조달가격과 건설공사비의 증대만을 초래할 뿐만 아니라 거대한 구조물 그 자체는 공격 목표가 되기 쉽고 시설의 항감성 저항을 동반하게 된다.

이에 대해 항공막료감부의 위탁으로 2011년도부터 방위성 기술연구본부가 실시하고 있는 [미래의 경계관제레이더 방식의 연구]는 '低RCS목표의 스텔스기·탄도미사일 등에 대응하기 위해 안테나의 분산배치로 인하여 大開口안테나를 갖는 레이더와 동등 이상의 탐지추격성능을 확보하면서, 이설(移設), 항감성, 경제성 등에 우수한 미래의 경계관제레이더 방식'을 연구하는 것이다. 구체적으로는 분산 배치한 복수의 안테나로부터의 송신/수신신호를 합성하는 MIMO(Multiple Input Multiple Output)기술을 레이더에 적용함으로써, 지금까지의 레이더에 비해 안테나 등 각각의 장치 규모를 축소하면서, 大開口안테나를 갖는 레이더와 동등 이상의 탐지·추격성능을 확보가능한 분산형 레이더의 실현을 목표로 하는 것이다.

이 MIMO기술을 적용한 분산형 레이더로는 필요한 탐지능력에 따라 안테나 수와 배치장소를 임의로 선택할 수 있기 때문에 위협대상에 따라 최적의 시스템 규모를 선택한다는 유연한 운용이 가능하다. 더욱이 각각의 장치규모를 축소함으로써, 정비성과 이설성이 향상하는 등 기존 부지와 같은 대형시설을 필요로 하지 않기 때문에 건설비용의 삭감도 전망된다.

현재로서 [미래의 경계관제레이더 방식의 연구]는 2011년
도부터 2014년도에 연구시작(試作) 실시와 병행하여, 2013년
도부터 2015년도까지 연구소 안에서 시험을 한다. 이 연구
성과를 확인한 다음, 항공자위대로서는 2016년도부터의 차기
중기방기간 중에 MIMO기술을 적용한 분산형 레이더 검토
에 착수하고, J/FPS-4의 후속으로서 빠르면 2018년대 전반
에도 실용화할 전망이다.

항공자위대는 고정식 경계관제레이더의 배치에 있어 기술
연구본부개발의 레이더(FPS-1, FPS-3, FPS-5)와 항공자위대에
의해 직접 조달된 레이더(FPS-2, FPS-4)를 번갈아 도입해 왔
다. 특히 FPS-3과 FPS-4의 경우에는, FPS-3의 개발성과를
바탕으로, FPS-4에서는 동등한 성능을 비용저감 목표에 집중
했다. 결론적으로 말하면 FPS-5가 BMD시스템을 유지시키는
중요한 센서인 반면, FPS-7은 스텔스 항공기라는 새로운 위
협의 대처가 주된 목적이라는 점과, 최첨단 반도체 소자
GaN을 채용하는 점이 중요한 포인트다. 그리고 FPS-4 후속
을 염두로 연구가 진행되는 [미래의 경계관제레이더 방식의
연구]에서 목표로 하고 있는 점은, FPS-5와 FPS-7에 맞먹는
전역탄도미사일과 스텔스기의 탐지능력과 안테나장치의 대형
화를 지양하고 낮은 코스트화의 양립을 겨냥하고 있다.

이와 같이 일본의 고정식 경계관제레이더는 레이더 그 자체의 [세대] 교대가 예전의 동서냉전시대에 비해 급속도로 진행되고 있다는 점에 주목할 필요가 있다. 제2차 세계대전에서 레이더를 늦게 개발하는 바람에 직접적인 전쟁의 패배를 맞보았던 일본은 이제 최고 레이더 기술 보유 국가가 되었고 레이더파를 피하려는 스텔스 전투기의 등장에 따라 어떻게 하며 조그만 흔적이라도 포착하려는 레이더와 그 탐지를 피하려는 기나긴 싸움이 시작되었다고 해도 과언이 아니다. 일본 레이더 연구를 해 보면 레이더 기술뿐만 아니라 스텔스 기술도 동시에 발전시키는 모습을 볼 수가 있는데 미국과 군사일체화를 이루면서 두 분야의 기술 발전의 속도가 더 빨라질 것으로 예상된다.

2018년 현재 일본의 FPS-5 레이더와 FPS-7 레이더는 그 능력으로 중국과 러시아 스텔스 전투기를 탐지할 수 있는 능력이 있는 것으로 평가되고 있다. 태평양 전쟁에 미국에게 패배한 이유 중의 하나를 레이더로 자체 분석하고 있는 일본은 전쟁에 진 이후 레이더만큼은 집요하게 연구 개발을 해 왔고 지금은 세계 최고 성능의 레이더를 보유한 국가가 되었고 성능 향상에 대한 연구는 지금도 계속되고 있다.

05

대륙간탄도탄ICBM이
언제든 가능한 우주강국 일본

대륙간탄도탄ICBM이
언제든 가능한 우주강국 일본

일본은 언제든지 발사가 가능한 고체 연료 로켓 [입실론]을 갖고 있다. 세계 최대급 규모다. 대륙간탄도탄은 액체연료를 쓰기도 하지만 연료 주입이 시간이 걸리는 반면 고체연료 로켓은 단추만 누리면 즉각 발사가 되는데 일본은 M 시리즈 고체연료로켓에서 입실론까지 와 있다. 로켓 전문가들은 로켓에 인공위성을 싣느냐 아니면 폭약이나 핵탄두를 싣느냐에 따라 군사용이냐 비군사용이냐가 나눠지지만 로켓 실력은 똑같다. 이런 실력이 있으면서도 일본은 공식적으로 ICBM 능력을 갖고 있다고 말하지 않는다. 그만큼 조심스레 우주개발을 진행해 온 덕택이다. 매우 일본적 발상과 접근 방식이 아닐 수 없다.

일본은 그토록 소원하던 정보위성은 북한의 대포동 발사가 도와주었다. 대포동 미사일이 발사될 것이라는 조짐을 알고는 있었지만 정작 미사일이 발사하자 발사를 탐지한 미국의 조기경계위성이 알려준 것이다. 북한이 미사일을 발사하면 그 즉시 알아야 하는데 미국의 입만 쳐다봐야 하는 현실은 있을 수 없다는 여론이 비등했다. 북한 미사일이 일본 영토 상공을 날아갔다는 사실에 일본국민들도 아연실색을 한 것이다. 일본이 첩보위성을 개발하여 배치하고자 했던 결정에 대해 스노하라 쯔요시씨는 [탄생 국산스파이 위성]이라는 그의 저서에서 세밀하게 밝히고 있다. 1998년 8월 31일 북한의 대포동 미사일 발사실험이 있은지 두 달여 만인 11월 6일 내각 각의에서 승인되고 [정보위성추진위원회]를 설치하고 일본 독자 기술로 개발한다는 방침을 정하여 20년이 지난 2018년 현재 8기의 첩보위성이 우주에 배치되었다.

일본 정부는 1998년 11월 6일, 정찰기능을 갖춘 정보수집 위성의 도입을 결정한 것이다. 일본은 1969년 우주를 '평화적으로만 이용한다'는 국회 중의원 선언을 세계를 향해 약속한 바가 있고 군사용도의 정찰위성을 보유하지 않겠다는 의지를 견지해 왔으나 북한의 미사일 발사가 일본의 안전 보장에 위협이 된다는 것을 빌미로 북한뿐만 아니라 한반도 전체를 샅샅이 살필 수 있는 정찰위성을 갖게 된 것이다.

세계에서 가장 우수하다는 미국의 KH 12 정찰위성은 지상에 있는 10~15cm의 물체를 식별할 수 있다. 아직은 10cm가 한계치인데 그 이유는 기술적 문제도 있지만 공기의 산란이 한계치를 만들고 있는 상황이다. 이 위성은 미국 뉴욕의 센트럴 파크 같은 탁 트인 공간의 벤치에 앉아 신문을 읽으면 뉴욕타임즈를 읽고 있는지 아니면 월 스트리트 저널을 읽고 있는지 알 수 있을 정도이다.

현대전에서 정찰위성에 의한 정보수집능력이 얼마나 중요한지는 걸프전쟁에서 확인되었다. 그 당시 미국은 이라크 상공에 정찰위성 3기를 궤도 수정하여 옮겨놓고 이라크 군의 동태와 주요시설을 거울 들여다보듯이 탐색할 수 있었기 때문에 가장 짧은 기간 내에 전쟁을 승리로 이끌 수 있었다. 과거에는 병기의 성능이 전쟁의 승패를 좌우했으나 오늘날에는 정보획득능력에 의해 승패가 가름된다. 때문에 정보수집능력은 통상의 병기보다 한층 가공할 만한 군사력으로 평가된다.

일본은 그동안 민간위성을 통해 정보를 수집해 왔다. 지구관측위성의 경우 18m 크기의 지상물체를 관측할 수 있고, 장애물이 없는 바다에서는 2m의 물체까지 판별해 낼 수 있다. 또한 일본이 보유하고 있는 해양관측위성은 중국이 베트남으로부터 탈취한 서사제도를 면밀히 관측하여 중국이 2,600m에 달하는 활주로, 그리고 구축함 및 잠수함의 기항이 가능한 항만을 건설했다는 사실을 세상에 공표했었다.

프랑스의 스포트위성이 촬영한 사진을 판독하여 북한 영변에 핵시설이 있다는 사실을 밝힌 일본의 사카다 교수는 현재 일본이 보유하고 있는 지구관측위성은 프랑스의 스포트위성, 미국의 랜드샛보다 성능이 우수하여 이 위성을 통한 정보수집만으로도 충분한 정보를 얻을 수 있다고 주장한 바 있다. 일본이 새 정보수집 위성을 갖게 되면 미국에 버금가는 정보수집능력을 갖추게 된다.

레이더 센서 위성은 야간이나 악천후에도 영향을 받지 않고 촬영할 수 있는 장점은 있으나 판독을 해내는 전문가가 필요하다는 단점이 있다. 이에 비해 광학위성은 비나 구름에 의해 촬영이 제한되는 단점은 있으나 마치 항공사진과 같이 선명한 장점을 갖추고 있다. 우주에서 촬영한 사진은 지표상에 무엇이 있고 어떤 모양을 갖고 있으며 무슨 색깔인가 움직이는 물체가 어디로 향하고 있는가를 알 수 있다. 레이더 위싱은 합성개구(合成開口) 레이너, 즉 SAR라고 하는 장치를 탑재하고 있어 마이크로파를 지표에 쏘아 반사되는 전파를 분석한다. 앞서 언급했듯이 구름이 끼었거나 야간에도 촬영이 가능한데 광학위성처럼 세세하게는 볼 수 없다. 그러나 어떤 물체가 있는지 없는지를 알 수 있고 지형의 변화도 알아내고 어떤 물체가 인공구조물인지 자연의 구조물인지 판명할 수 있다. 따라서 레이더 위성이 포착한 물체는 무슨 물체인지 분석의 능력이 필요하다. 이런 의미에서 레이더 위성은 광학위성의 대체 역할이 아니라 상호보완적 의미를 지닌다. 예를 들어 야간에 레이더 위성이 포착한 장소를 그 다음날 날이 맑으면 광학위성으로 그 장소가 어떤 곳인지 알게 되고 광학위성이 포착한 물체가 야간에 이동하게 되는 경우가 있으면 레이더 위성이 이를 밝혀낸다. 첩보위성의 각 위성들은 모두 다 태양동기준회기궤도(太陽同期準回歸軌道)에 투입된다. 이 궤도는 위성이 지구를 남북으로 돌게 되기 때문에 위성과 태양의 위치관계가 항상 일정하다. 그래서 정확하게 안정적으로 관측이 가능하고 일정의 주기, 즉 첩보위성의 경우 4일에 한 번은 같은 곳을 통과하기 때문에 계속적인 관측이 가능하다. 첩보위성은 광학위성과 레이더 위성이 1개조를 이루어 2개조 4기의 위성이면 세계 어느 곳이든 이론적으로는 하루에 한 번 꼴로 탐지가 가능하다. 예를 들어 북한의 어떤 곳도 일본의 첩보위성은 매일 들여다보고 있다. 일본의 로켓 실력은 세계 최고 수준인데 2003년 3월에 2기의 첩보위성을 발사하는데 성공했으나 같은 해 11월의 발사가 실패하는 바람에 위성 2개도 없어지고 말아 손실이 컸다. 그래서 당초 계획은 H-2A 로켓으로 한 번에 2기의 위성을 올린다는 계획을 변경하여 H-2A 로켓으로 1기의 첩보위성을 발사하는 것으로 변경하면서 지금에 이르고 있다. 결과적으로 처음에 광학위성 2기, 레이더 위성 2기, 총 4기 체제를 빠른 시간 내에 구축할 것으로 계획했으나 10년이란 시간이 걸려 2013년에야 4기 체제가 완성되었다. 우주선진국 일본도 많은 시행착오를 겪은 것을 알 수 있다. 2018년 10월 현재 위성 1기가 퇴역하고 총 7기의 첩보위성이 가동되고 있다. 시간이 흐를수록 위성의 화면은 더욱 선명해지고 능력이 향상되고 총 10기의 위성체제를 갖출 전망이다. 원래 4기 체제면 탐지가 1일 주기로 가능한데 추가의 4기 체제는 궤도를 달리하여 이른바 시간축 다양화 위성(時間軸 多樣化衛星)의 이름이 붙어 있는데 궤도를 달리하기 때문에 원래 4기 체제와 보완적 역할이 가능해져 하루의 빈도로 보던 물체를 수시간 내 혹은 1일 미만의 빈도로 관측할 수 있다. 함선이나 차량의 이동 등을 자주 관측할 수 있어 북한의 동향을 면밀히 살펴보는 일본이 되었다. 나머지 2개의 위성은 데이터 중계위성으로 명실공히 우주대국 일본의 면모를 보여 준다.

북한을 예로 들면 미사일 기지와 핵무기 시설 또는 해체에 따른 변화를 거의 알 수 있고 정지되어 있는 차량의 종류, 숫자의 변화도 알 수 있다. 그래서 핵과 미사일의 개발상황과 준비 가동상태 등도 누적된 촬영정보로 파악해 낸다. 미사일 기지 주변의 나무와 풀이 타버린 것을 보고 미사일 발사와 엔진 실험이 있었다는 것을 알게 된다. 앞에서 언급했듯이 첩보위성 4기 체제이어도 1일 1회 지구상의 그 어떤 지점도 통과하기 때문에 계산적으로는 하루걸러 화상 데이터를 얻어서 특정장소를 쭉 계속 촬영하는 것은 실제로 어렵고 이는 위성 10기 체제가 되어도 그 한계가 있다. 예를 들어 북한이 미사일을 발사하게 되면 조기경계위성이 필요한데 일본은 아직 보유하지 않고 특히 북한의 이동식 미사일인 화성 15호인 경우는 장소가 바뀌기 때문에 항상적 탐색이 어렵다. 혹자는 위성을 마치 우주에서 그 모든 것을 꿰뚫어 보는 신의 눈인양 과대포장하는데 위성 나름대로의 한계가 있어 통신감청 등의 SIGINT나 사람들로부터의 정보, 즉 HUMINT 등을 종합하여 상대의 동향을 판단한다. 그럼에도 불구하고 첩보위성의 역할은 대단히 중요하며 위성 숫자가 더 늘어나면 더욱 세밀히 살필 수 있음은 물론인데 역시 국가예산의 문제가 늘 걸림돌이다. 한국도 4기 체제가 목표지만 오래된 위성이 퇴역하다 보니 늘 4기 체제 유지도 항상 어려운 형편이다. 위성 확보는 국력의 싸움이란 현실을 극명하게 나타낸다. 첩보위성의 데이터는 내각정보센터에서 분석하여 외무성, 방위성, 경찰청 등과 자료를 공유하는데 여전히 비밀보호법 저촉을 받아 민간용으로는 사용이 공개되지 않는다. 예를 들어 동경 대지진의 모습 때에도 첩보위성 사진은 공개되지 않고 외국의 지구관측위성의 사진이 공개되었는데 만약 일본 첩보위성 사진이 공개되었다면 약 30cm 분해능력을 갖고 있기 때문에 더욱 더 선명한 현장 모습을 볼 수 있었겠지만 결국은 공개하지 않았다. 왜냐하면 첩보위성의 성능이 공개될 것을 우려하기 때문이다. 동경 대지진 때도 위성사진이 공개되지 않아 1분 1초가 급한 상황인데도 그 당시는 정보제공이 되지 않았다. 그래서 내각관방은 2015년 9월 9일에 '정보위성의 해상도를 약간 저하시킨 상태의 사진을 제공하겠다'고 방침을 발표했는데 바로 그 다음 날 히로시마에 엄청난 비가 쏟아져 크나큰 재해가 발생했는데 그 때는 화상정보를 제공하였다. 민생분야에서는 점점 더 면밀한 화상정보의 요구가 커지고 있고 첩보위성의 능력을 감추어야 하는 현실과의 괴리는 그 어느 국가나 고민하는 문제인데 일본의 경우는 50cm의 화상도 사진을 미국에 판매할 수 있고 역으로 미국노 25cm 분해능 사진을 판매하는데까지 그 제한을 풀고 있어 위성에서 찍은 사진은 이제 공공연히 거래가 되고 있는 실정이다. 때때로 위성 4기 체제로 하루에 적어도 한 번 똑같은 장소를 볼 수 있다 해도 하루라는 시차가 있고 위성 10기 체제라면 반나절이라 한다 해도 리얼타임의 정보를 기대하기 어렵다. 그래서 민간용지구관측위성 역할이 보완적으로 사용되는데 현재는 소행성의 성능이 날이 갈수록 높아지고 값도 싸고 수많은 소행성으로 지구궤도를 뒤덮는 형태(Constellation)로 발전되어 고가의 첩보위성의 절대적 필요성에 의문이 제기되기도 한다. 그러나 첩보위성은 민간위성이 아무리 발달한다 해도 첩보위성 나름의 역할이 있다는 점에 공감하고 있는 상태다. 예를 들어 고성능 센서나 갈륨비소 반도체 등 지금까지는 민간이 싼 값에 사용할 수 없었던 소재는 국가가 하고 민간 중심으로 위성운용을 한다면 국가예산도 줄이고 효율을 더욱 높이는 위성운용체계가 될 것으로 내다보인다. 첩보위성의 국가독점은 구 냉전시대의 발상이고 민간과 교류함으로써 위성의 소형화와 다양화, 대량화, 고성능화로 더욱 더 세밀한 지구정보를 제공함으로써 군사용 목적 이외에도 태풍예방, 산불확산방지, 지진 피해, 쓰나미 등

의 정보를 리얼타임으로 정보를 제공하는 날이 더욱 빨라질
것이다.

일본은 이 위성들을 보유하기 위해 막대한 금액을 투입했
는데 1998년 이후 2018년 10월까지 누적 총 17기의 첩보위
성을 보유했는데 금액상으로는 연평균 7천억 원 이상, 총 금
액 10조 원 이상이 들어갔다. 우주프로젝트 중에 가장 큰 금
액이다. 정보위성의 보유는 돈과 기술만 있다고 되는 일이
아니다. 일본은 독자적으로 정보위성을 개발할 능력도 있다.
지금도 풍부하지만 이 위성들을 쏘아 올릴 수 있는 로켓능력
이 없으면 아무런 의미가 없는데 일본은 자체 기술로 제작한
H2 로켓으로 2톤에 해당하는 위성을 쏘아 올릴 수 있는 능
력마저 갖고 있다.

위성을 쏘아 올릴 수 있는 로켓능력은 군사적으로 전용될
경우 미사일 발사능력에 해당되는데 일본이 만약의 경우 위
성 발사 로켓능력을 미사일 발사로 이용한다면 북한의 미사
일 발사능력을 능가한다고 일본의 군사전문가들은 평가한다.
다시 말하면 일본은 장거리 미사일을 개발하지 않고 있을 뿐
이지 능력은 갖고 있다는 의미다.

미국은 2024년까지 달 궤도를 도는 우주기지를 건설하고 화성에 유인탐사선을 등 우주패권을 쥐기 위한 우주계획을 발표했다. 미국의 우주패권은 2018년 오늘날 시작하는 것이 아니고 이미 오래전부터 시작되었다. 1981년 NORAD(North America Air Defense Command)라고 하는 북미항공우주사령부를 설치하고 세계의 모든 미사일과 인공위성 발사용 로켓의 움직임을 면밀히 살펴 왔다. 마이크 펜스 미국 부통령은 "우리는 지구뿐만 아니라 우주에서도 미국의 국가안보주도권을 확충하기 위한 발걸음을 떼고 있다"고 말하면서 "20세기 하늘에서 미국이 주도권을 확보하기 위해 공군을 창설했듯이 새로운 세기는 우주에서의 미국안보 향상에 기여할 군부대를 구축할 것"이라고 천명했다. 미국이 이 계획을 발표한 것은 러시아는 물론 중국마저 미국의 우주능력에 바짝 다가서고 있기 때문이다. 그런데 한국의 주변국가인 미국, 러시아, 중국, 일본 등 모두가 우주강국인 점을 감안하면 한국도 우주개발을 서둘러야 한다.

　일본의 H-2B 로켓은 국제우주 정거장에 화물을 보낼 수 있는데 우주를 오가는 셔틀을 그만 둔 미국의 우주비행사들이 먹고살기 위해서는 일본의 화물 수송기 HTV에 의존하지 않으면 국제우주정거장은 그 생명을 유지할 수 없다. 그만큼 일본의 우주능력은 미국이 인정할 정도다. 수소액체연료를 사용하는 H-2B 로켓은 보조로켓을 부착할 경우 지구 저궤도에 약 16톤의 인공위성을 올릴 수 있는 로켓이니 일본의 우주 실력은 세계 톱 레벨이다. 한국이 러시아의 1단 로켓 기술을 빌려 쏘아 올린 인공위성 무게가 100kg 대이니 단순 비교를 해도 일본 로켓의 파워는 나로호의 160배가 된다는 말이다. 대륙간탄도탄으로 전환하면 언제든지 마음만 먹으면 가능하다는 말이다. 여기에다 일본은 입실론이라는 고체연료 로켓을 갖고 있는데 액체연료는 연료의 주입에 시간이 걸리나 고체연료 로켓은 단추만 누르면 금방 발사가 될 수 있어 대륙간탄도탄 기술에 더욱 가깝다. 입실론 로켓으로도 우주에 약 1, 2톤의 인공위성을 쏘아 올릴 수 있는 파워를 갖고 있으니 일본은 이미 대륙간탄도탄 미사일을 갖고 있는 것이나 다름없다. 일본은 우주개발을 촉진시키기 위해 2008년에 우주기본법을 만들고 우주기술의 군사적 이용을 천명했다. 그리고 총리 직속기관으로 우주개발전략본부를 만들어 본부장은 총리가 맡고 있을 정도니 어찌 우주개발은 신속하지 않겠는가? 한국이 참고할 일이다.

인공위성의 기술은 더욱 더 놀랍다. 일본의 군사용 첩보위성은 북한 김정은의 동태까지 들여다보는 능력을 갖고 있다.

북한 미사일의 운반이나 발사 준비상황뿐만 아니라 김정은이 현지지도를 위해 건물을 나서는 모습까지 포착할 수 있다. 2018년 3월 27일 오후 1시 34분, 일곱 번째 첩보위성이 우주공간에 배치되었다. 1998년 8월 31일 북한의 대포동 미사일이 일본열도를 넘어 태평양에 떨어지자 일본열도는 경악했고 군사용 첩보위성 배치를 본격적으로 선언한지 20년 만에 첩보위성의 숫자 8기 체제가 되었다. 2025년이 되면 첩보위성 숫자는 광학위성 4기, 레이더 위성 4기, 데이터 송수신 중계위성 2기로 총 10기의 첩보위성 체제가 구축된다.

광학위성은 카메라 위성으로 아주 맑은 날씨에는 지상물체 30cm급 크기의 또렷한 영상을 획득할 수 있고 레이더 위성은 구름이 끼어 지표면을 볼 수 없을 때 전파로 탐색하는 레이더라서 10기의 첩보위성으로 하루에도 여러 번 북한을 들여다보고 있다.

일곱 번째 발사된 첩보위성은 일본의 H2A 로켓으로 발사되었는데 32회 연속발사 성공으로 발사 성공률은 97.4%에 이른다. 대륙간탄도탄(ICBM) 능력, 즉 로켓능력은 미국과 러시아에 필적하는 능력으로 북한의 ICBM 능력은 일본에 비하면 조족지혈 수준이다. 일본의 첩보위성이 김정은의 동태를 포착한다면 한국의 주요인사 면면도 파악될 수 있다는 현실이고 중국내부도 손바닥을 들여다보듯 들여다보고 있어 우리는 우주의 시대에 살고 있음을 절감한다.

한국은 인공위성을 발사할 수 있는 자체 로켓이 없어 전남 고흥에서 한국형 로켓을 개발 중인데 첩보위성인 아리랑 인공위성을 외국의 로켓으로 돈을 주고 발사해 2018년 현재, 광학위성 2기, 레이더 위성 1기로 총 3기 체제를 운용 중이다. 지구 어느 곳이든 특정지점을 탐지하려면 광학위성 2기, 레이더 위성 2기로 최소한 4기의 인공위성이 있어야 하는데 일본에 비하면 정보수집능력이 크게 떨어진다. 레이더 위성은 전파로 지표상 물체를 탐지하는데 카메라처럼 실체를 사진 찍듯이 분명한 것이 아니어서 일본은 방위성내에 화상부와 전파부를 두어 1,000명이 넘는 위성정보의 판독팀을 양성해 왔다.

그러면 한국은 어떻게 해야 하나? 첫째, 4기체제의 첩보위성 숫자가 유지되어야 한다. 2019년에 1기의 레이더 위성이 발사될 예정이지만 위성 수명이 4~5년이어서 기존의 인공위성이 수명을 다하기 이전에 지속적인 국가예산이 투입되어 후속 위성이 올라가야 주변 국가들이 무슨 일을 하고 있는가를 항시적으로 파악할 수 있다. 두 번째는 순 국산 로켓 개발이 차질 없이 수행되어야 한다. 2021년 2월에 추력 300톤의 로켓 발사가 성공적으로 끝나면 약 1.5톤의 인공위성을 우주궤도에 올릴 수 있어 그 어느 나라의 간섭을 받지 않고 한국은 우주감시정보를 획득할 수 있게 된다. 일본은 무려 10배에 가까운 16톤의 인공위성을 우주공간에 올려 보낼 수 있다는 사실을 다시 한 번 강조한다. 세 번째는 우주개발이 [국민과 함께하는 우주개발]이 되어야 한다. 우주개발에는 돈이 많이 들고 우주라는 화두가 너무 멀리 있는 느낌을 주기 때문에 국민적 공감대가 필요하다. 국민의 성원이 있어야 국가예산이 투입되고 순조로운 우주개발이 가능하다. 일본은 전후 사상 최대의 국방예산인 52조 5천억 원이 군사비책정으로 확정했다. 남은 우리를 거울 들여다보듯 들여다보고 있는데 한국은 그러하지 못하면 역사의 우를 범하는 실수가 된다는 사실을 직시해야 할 것이다.

1997년 11월 28일 일본은 2개의 인공위성을 우주로 향해 발사했다. 하나는 추적(Chaser)위성이고 다른 하나는 목표(Target)위성이다. 2개의 위성을 우주에서 자유롭게 랑데부해서 도킹(Docking)하기 위한 실험인데 이 실험은 세계에서 일본이 처음으로 하는 것인데 3번의 실험을 통해 모두 성공했고 관련된 모든 데이터를 축적했다. 언제든지 우주에서 인공위성을 도킹할 수 있는 지상에서의 통제가 자유로워졌고 비행제어나 로봇 팔을 사용해서 인공위성을 방출하는 실험도 성공했다. 이 실험이 아무것도 아닐 것 같지만 이 기술은 군사적으로 응용되면 우주공간에서 적 미사일을 매우 정교하게 일본이 부숴 뜨릴 수 있는 실력을 갖추었다는 말이 된다. 몇 년 전 일본의 로켓발사장이 있는 다네가시마를 갔을 때 "일본이 가장 자랑스러워하는 우주기술이 무엇인가? 라는 질문에 "도킹기술"이라고 말하던 일본인의 얼굴이 떠오른다. 일본의 우주개발은 [우주의 평화이용원칙]이라는 슬로건하에 발달되어 왔는데 우주기술에 있어 평화적 기술과 군사적 기술은 똑같다.

일본은 대륙간탄도탄 기술의 막바지 단계인 지구로의 재돌입 실험도 또 진행해서 성공시켰다. 일본의 우주항공연구개발기구(JAXA)는 2012년 우주공간에서 지구 대기권으로 기체를 재돌입시키는 실험을 했다. 소형실험기를 무인우주수송기(HTV) 3호기로 발사, 일본 첫 귀환형 우주선 개발을 위한 데이터를 수집하게 된다. IHI(이시가와지마하리마)의 자회사는 IHI 에어로 스페이스사가 독자 개발한 데이터 수집용 실험기 [L-Ball]을 사용한다. 무게 22kg으로 컨테이너를 포함하면 한 변이 40cm 정도 된다. 실험기는 내열성을 높혀 대기권을 통과한다. 온도나 가속도 등 기초데이터를 축적하고 마지막에는 낙하산을 펼쳐 남태평양에 착수한다. 데이터 전송은 위성전화회선 등으로 JAXA로 보내진다. 대기권에서는 재돌입하는 HTV가 고온에서 파괴되는 모습을 카메라로 찍는 등 떨어지기까지의 온도변화나 회전속도 등도 측정했다. 지구에서 우주로 발사된 우주선이나 탐사기 등이 다시 지구의 대기권으로 들어올 때 인공위성의 잔해 등은 거의 소진된다. 지구로 돌아오려면 기체 표면을 고온으로부터 지켜, 목적지에 확실히 착륙하기 위한 고도의 기술이 필요하다. 셔틀은 재돌입시 1,400도의 고온에 견디며 지상에 무사히 착륙했는데 재돌입기술은 미사일 등 군사이용도 될 수 있기 때문에 실험에 착수하는 국가는 한정되어 있는데 일본은 평화적 이용이라는 이런 실험을 지속해 왔다. 이 기술이 유사시 언제든지 군사용으로 이용될 것임은 명확한 사실이다. 이 실험에는 미국도 참여했는데 미국의 스페이스 셔틀이 2011년 은퇴하고 우주에서 지구로 돌아오는 귀환형 우주선 개발이 절실해진 것이다. 일본은 무인우주선 수송기 HTV를 운용하는 데 지구로 귀환시키지는 못한다. 그래서 2018년 이후 일본은 지구로 돌아오는 신형 무인우주수송기(HTV-R)를 개발하여 지구로 귀환시키는데 성공했다. 일본은 재돌입 기술에 대하여 오래전부터 실험을 해 왔다.

　우주궤도에서의 회수라는 본격적인 실험, 즉 재진입기술 실험은 1994년 2월의 OREX(Orbital Re-entry Experiment)가 최초였다. OREX는 직경 3.4m, 질량 870kg의 단추모양 캡슐형 회수기였다. 형태만으로 보자면 중화냄비 모양인데 OREX는 일본 최초의 자국산 대형 로켓인 H-II의 시험기 제1호기에 의해 인공위성 대신 발사되어 고도 450km의 지구 둘레 궤도를 일주한 후 태평양에 무사 착륙했다. 발사된 OREX는 재돌입 중에 캡슐에 관한 데이터를 계속해서 보내 왔고 지상국에서 전부 수신했다. OREX에 이은 회수실험은 [HYFLEX(Hypersonic Flight Experiment)]였다. 냄비같은 OREX 와는 달리 펭귄같은 유익(有翼)형, 즉 작은 날개가 달린 회수 기였다. HYFLEX는 1996년 중형 로켓 J-1에 탑재되어 고도 110km 상공에서 분리된 모든 데이터를 수집했다. 1996년 여름 또 다른 우주 유익 회수 기술연구의 일환으로 [ALFLEX (Automatic Landing Experiment)]에 의한 실험이 호주 중앙부의 사막지대 우메라에 있는 활주로에서 시행되었다. 유익형 회수기가 우주에서 낙하, 활공, 그리고 착륙, 귀환하는 최종단 계까지의 과정을 모두 성공시켰다. 그리고 질량 900kg의 캡슐형 회수기인 차세대형 무인 우주실험 시스템을 2002년 9

월에 H-IIA 3호기로 발사하여 약 2개월 동안 궤도에서 무중력 환경을 이용한 초전도 재료 실험 등을 시행한 후 재돌입시켜 모든 데이터를 축적한 뒤 사이판 섬 근처 해역에 낙하시켜 회수했다. ICBM(대륙간탄도탄)은 지구 대기를 통과해 우주라 불리는 고도까지 쏘아 얼렸다가 상대방 국가에 발사하는, 즉 지구의 대기권에 재돌입시키는 것을 의미하는데 일본은 핵탄두를 싣지 않았을 뿐 재돌입 기술을 완성한 나라라고 평가된다.

우주의 군사적 이용에 대한 발걸음도 더욱 더 바빠지고 있는 일본이다. 일본은 2017년 1월 25일 [X밴드 통신위성] 발사에 성공했다. 군사용 통신위성으로 육·해·공군간의 대용량 정보교류가 가능해졌고 북한의 미사일 발사를 조기에 탐지할 수 있게 된다. 일본상공에 1기, 태평양 상공에 1기, 인도양 상공에 1기를 배치할 예정으로 날씨에 상관없이 24시간 감시할 수 있다. 민간분야의 우주개발도 속도가 빠르다. 미국에 의지해 왔던 GPS(전지구측위시스템)도 일본판 GPS를 구축하기 위해 총 7기의 인공위성을 쏘아 올려 땅에서의 측정오차 범위를 1cm 이내로 줄일 예정이다. 무인 트랙터가 일본판 자체 GPS에 의해 밭을 가는 시대가 열리고 있는 것이다. 자율주행차의 시대가 제대로 되려면 미국의 GPS에만 의존하지

말고 자체 GPS가 있어서 정확한 위치 파악이 되어 자율주행차의 운행과정이 정확해지는 것이다.

북한은 어떠한가? 7월 28일 밤에 발사한 미사일은 미 국방부가 대륙간탄도탄(ICBM)이라고 판단했고 미사일 능력만큼은 미국 본토를 겨냥할 정도로 로켓, 즉 미사일 기술이 한국을 앞서 있다. 가까운 곳은 한국 전체가 북한의 미사일 사정권에 들어가 있고 좀 더 나아가 일본 전역과 일본 내에 주둔하고 있는 미군기지, 괌과 하와이까지의 사정권을 수중에 넣어 버렸다. 설마설마하던 북한의 미사일 능력은 1998년 대포동 미사일이 일본열도를 넘어가 태평양에 떨어진 지 20년을 지나면서 ICBM능력을 갖추게 된 것이다. 이제는 1톤 정도의 핵무기를 탑재하고 우주공간을 날아가 세계 어느 곳이든 상관없이 대기권에 핵탄두를 재돌입시켜 핵무기 공격을 할 수 있는 시간만이 기다리고 있을 뿐이다. 핵탄두의 소형화와 대기권에 재돌입할 때, 수천도의 열을 견디며 핵폭탄의 손상 없이 목표에 떨어뜨리는 재돌입 기술은 아직 검증단계라고 말하지만 이 기술들은 실험을 계속하면서 완성되는 이른바 시간이 해결하는 기술이어서 한국의 안보는 풍전등화의 모습이 되어 버렸다. 그러면 한국의 우주안보는 어떻게 지켜 낼 것인가? 첫째, 우주개발을 총괄하는 우주청 정도의 기관을 설립해야 할 일이다. 우주개발의 수요가 급속도로 늘어나 국가안보차원 뿐만이 아니고 해양관측, 재해관측, 북한을 포함한 한국 수변 국가들의 동향감시 등 정부 부처들의 제각각 수요가 증대하고 있어 총괄기구가 필요하다. 일본은 우주정보를 포괄하는 정보전략본부를 이미 설치하고 총책임자는 총리가 맡고 있다. 북한도 김정은이 지휘하고 있고 중국도 시진핑이 앞장서고 있다. 두 번째, 우주개발의 장기적 로드맵이 필요하다. 우주개발내용에 한국의 대기업들이 참여할 수 있는 예측 가능한 계획을 내놓아 산학연이 협력하는 시스템을 구축해야 한다. 일본의 순국산 로켓인 H-2 로켓의 총책임자였던 고다이 토미후미씨는 "세계적 수준의 대기업이 즐비한 한국이 마음만 먹으면 빠른 시간 내에 우주강국이 될 것이다"라고 한 말이 기억난다. 세 번째는 전시용 우주개발이 되어서는 안 된다. 우주선진국들의 우주개발의 역사를 보면 우주개발은 국민들에게 꿈을 심어주는 것이기에 최고지도자들이 정치적으로 활용한 사례가 적지 않은데 실질적인 우주개발이 되어야 한다. 한국을 제외한 주변국가, 즉 미국, 러시아, 일본과 중국 모두가 우주대국이고 북한마저 한국을 위협하고 있어 하루빨리 우주개발의 재정비가 필요하다. 한국의 우주개발은 나라의 국격에 비해 아직 초라한 수준이고 민생 챙기는 것이 우선과제이기에 늘 뒤쳐져 온 현실을 부인할 수가 없고 이제는 북한에 마저 눌리는 처지가 되어 버렸다. 지금이라도 한국의 산업역량을 쏟아 부으면 20년 이내에는 우주강국으로 우뚝 설 수 있을 것이다. 그러려면 대통령의 의지와 국민의 성원이 함께 해야 한다. 우주개발은 대통령 프로젝트이다.

북한은 2017년 9월 15일 오전 일본열도를 넘어가 북태평양에 떨어지는 중거리급 탄도미사일을 또 다시 발사했다. 문재인 대통령이 취임한 이후 핵실험과 미사일 도발은 11번째다. 이번 발사에서 일본의 경계 시스템은 발사된 지 3분만에 일본총리에게 보고되고 미사일 통과지역 주민들도 통과되기 이전에 이 모든 사실을 알고 대비에 들어갔다. 이 과정에서 결정적인 역할은 한 것은 인공위성정보였다. 일본방위성은 이미 하루 전에 북한이 탄도미사일 발사를 준비 중이라는 사실을 위성정보로 파악하고 비상경계에 들어갔고 발사 직후 미국의 조기경계위성이 이를 탐지해 일본에 즉각 알린 것이다.

일본은 태풍과 지진 등 자연재해에 대비하는 국가시스템과 국민문화가 자리 잡혀서 그런지 북한의 미사일 위협에도 오래전부터 차근차근 대비해 오며 오늘날처럼 3분 경계 시스템이 구축되었다. 이미 예견이라도 한 듯 일본은 1997년 1월 그 당시는 방위청(지금은 방위성)내에 방위청, 통합막료회의, 육·해·공군 자위대의 정보관련 부문을 통합하여 정보본부를 발족한다. 일본은 북한 미사일 발사 하루 전부터 북한이 탄도미사일을 발사할 것이라는 정보를 인공위성을 통해 감지하고 있었고 인공위성정보능력은 30cm 이상의 지상물체를 들여다 볼 수 있는 수준으로 발전해 있다. 한국의 첩보위성 수는 광학위성 2기, 레이더 위성 1기 총 3기다. 광학위성 2기, 레이더 위성 2기 총 4기가 있어야 하루 한 번 정도 지구상 어떤 곳이든 들여다 볼 수 있는데 충분한 정보수집에는 아직 한계가 있다. 아리랑 3호 위성은 광학위성인데 지구 표면의 물체크기를 들여다보는 능력, 즉 분해능력이 흑백영상으로 약 70 cm 이상의 크기를 볼 수 있고 3A호는 55cm까지 들여다본다. 그러나 구름이 많이 끼거나 비가 오면 볼 수가 없어 그 때는 아리랑 5호의 레이더 위성으로 탐지하게 되는데 2019년이 되면 1기의 레이더 위성이 추가될 예정이어서 총 4기 체제가 구축될 수 있을 것이다. 4기의 인공위성체제가 유지되려면 인공위성 수명이 4~5년이기 때문에 후속 인공위성이 지속적으로 개발되어야 하고 일본처럼 되려면 더 많은 예산을 편성하여 더욱 더 많은 인공위성을 확보하는 것이 중요한 국가안보전략이다. 우주공간의 이용도 마찬가지다. 태풍이 올라오는 구름사진을 기상인공위성으로 들여다보고 있기 때문에 미리 대피할 수 있고 그 예방효과는 1년에 수조원의 가치가 있는 우주의 시대에 우리는 살고 있다. 이 현실에 뒤쳐져서는 절대 선진국이 될 수 없고 국가안전보장도 위협을 받게 된다. 강대국이라 할 수 있는 미국, 러시아, 일본, 중국, 프랑스는 이미 우주강국이고 자체로켓은 물론 인공위성도 독자생산한다. 심지어는 인도도 이 대열에 합류하고 있다. 이 나라들은 선진국이 되기 위해 넘어야만 하는 거대과학, 즉 우주개발에 성공한 나라들이다. 후손들의 미래를 위해 우주 개발에 속도를 내야 한다. 북한은 이미 대륙간탄도탄에 버금가는 미사일 기술의 힘은 축적되었다고 보아지고 원자폭탄에 이어 수소폭탄의 개발을 서두르고 있다. 핵보유국들은 원자폭탄을 성공시키고 나서 모두가 다 수소폭탄을 개발했다. 북한도 예외는 아니다. 한국의 우주개발은 가깝게는 북한의 동향을 살피기 위함이지만 멀게는 중국과 일본 등의 주변 강대국들의 동향도 살핀다는 의미가 크다. 우주개발은 선진국이 되기 위함은 물론 준(準)강대국이 되기 위한 초석이라는 점을 유념해야 한다.

중국의 우주선이 도킹에 성공해 중국 대륙이 흥분에 도가니에 휩싸였다. 미국과 러시아의 전유물로만 알았던 우주개발에 중국이 독자적인 우주정거장을 건설하는 우주선 도킹에 성공하고 연달아 발사하는 로켓이 실패 없이 우주로 올려지고 있기 때문이다. 중국이나 일본 그리고 인도마저 우주개발에 본격적으로 진입하고 있는 것은 우주개발에서 배태된 첨단기술이 다양한 경제산업적 파급효과를 내며 미래의 기술을 선도할 것이기 때문이다. 그리고 엄청난 돈이 들어가기 때문에 국가 경제력이 그만큼 커진 인도, 한국 등 신흥국가들도 우주개발에 참여하고 있다. 인공위성을 우주로 쏘아올린 순서를 보면 러시아, 미국, 프랑스, 일본, 중국으로 중국은 일본보다 2개월 늦은 1970년 4월에 최초의 인공위성 발사에 성공했다. 도킹성공도 중국이 러시아, 미국에 이어 세 번째라고 하지만 일본은 이미 1998년 기술시험위성 키쿠 7호로 도킹실험을 성공리에 마친 상태다. 2개의 인공위성을 동시에 쏘아 올려 두 위성을 떼였다 붙였다 하며 3번에 걸친 도킹 실험을 했다. 국제우주정거장에 화물을 보내고 있는 일본화물선 HTV의 개발을 차근차근 준비해 왔고 머지않은 장래에 유인우주선도 올려 보낼 생각을 하고 있다. 조용하게 실속을 챙기는 일본의 문화가 잘 드러나는 대목이다. 가만히 들여다보면 한반도 문제에 관련된 미국, 러시아, 중국, 일본 등 주변국가들 모두가 우주강대국들이라는 점이다. 그들은 우주에서 한반도를 샅샅이 들여다보고 있는데 한국은 주변국들에 무슨 일이 일어나고 있는지 모른다면 국가안전보장의 자주개념이 없다고 보아야 할 것이다. 거기에다 북한이 핵무기를 개발하고 미사일 개발을 서두르고 있는 마당에 한국도 우주개발만큼은 중단 없이 지속적으로 이루어져야 한다. 우주개발 기술의 성과는 안전보장뿐 아니라 우리의 일상생활에 함께하고 있다.

이제는 하루라도 없으면 불편한 자동차의 내비게이션도 전국 어디든 걱정 없이 갈 수 있게 정확한 지리정보를 제공하는데 이는 GPS라는 우주기술의 덕택이다. 국제우주정거장을 다녀온 한국의 이소연씨가 입은 충격 방지용 우주복 제조 원리는 점프력이 높은 바스켓 볼 슈즈(농구화)가 되었고 의료기기에 없어서는 안 될 레이저 기술은 아폴로 계획 때 지구와 달의 거리를 정확히 측정하기 위해 만든 기술이었다. 이 뿐만이 아니다. 우리의 생명을 보호하는 자동차의 에어백 기술은 충돌할 때 순간적으로 작동되어야 하는데 이 기술은 고체로켓 점화용 기술을 응용해서 개발된 것이다. 오늘날처럼 컴퓨터가 소형화되고 고성능화된 배경에는 우주비행에 필요한 장비들이기 때문에 개발이 촉진되어 우리들 책상 앞에 놓이게 되었다. 과일 사러 마트에 가면 사과나 수박의 당도가 얼마나 되는지도 파괴하지 않고 알 수 있는 장치의 기술도 지구관측위성이 촬영한 그림을 분석해 내는 과정에서 얻어진 기술들이다. 석유값이 천정부지로 오르다 보니 건축소재가 단열효과를 최대한 낼 수 있어야 하는데 이 기술도 위성을 보호하는 덮개에 칠해진 페인트가 건축용의 도포식 단열재로 활용되고 있어 경제적 파급효과를 낳고 있다. 한국은 러시아에서 1단 로켓을 들여와 1, 2차 나로호 발사를 시도했으나 실패를 경험했다. 2021년경 독자적인 우주발사체 개발을 목표하고 있다. 선진국으로 가는 길목에 우주개발이 있는 것은 국가의 안전보장과 첨단기술의 경제산업적 파급이 기대되기 때문에 국력을 집중해 우주개발을 지속해야 할 것이다. 그 과정에 국민들도 힘을 보태주는 인내력으로 함께 할 때 우주강국이 될 것이다

X밴드란 말은 무엇일까? 북한이 4회에 걸쳐 핵실험을 하고 장거리 미사일 발사 실험, 즉 1998년 8월 31일의 대포동 미사일 발사 실험을 한 지 20년 가까운 세월이 흐르는 동안 이 어려운 낱말은 어느새 우리 일상 속에 매우 낯익게 다가와 있다.

X밴드는 8,000~1만 2,000㎒의 장거리 주파수 대역(帶域)을 지칭하는 말로 먼 거리의 이동 중 물체를 탐지하는 데 탁

월한 능력을 발휘한다.

한국이 보유하고 있는 이지스함의 레이더도 900~1,200km 까지 탐지할 수 있지만 특정 장소의 정밀 탐지는 레이더 출력 에너지를 한 곳으로 모아 200km 정도에 머무르기 때문에 북한의 장거리 미사일을 발사 직후부터 탐지하려면 X밴드 레이더의 도움이 절실하다.

미국은 본토와 동맹국을 향하는 상대방 미사일을 탐지하기 위해 X밴드 레이더를 본국 이외 이스라엘·터키 등의 국가에 배치하고 있는데 2006년 9월 일본 아오모리현 샤리키(車力) 지역에 배치된 X밴드 레이더는 북한 미사일이 하와이와 알래스카 방향으로 발사될 때를 탐지하기 위해서다. 미국령 괌을 향해 발사되는 북한 미사일을 탐지하기 위해서는 2014년 일본 교토 부근에 X밴드 레이더를 배치해 하와이에 배치된 레이더와 연동, 북한 미사일 발사를 발사 직후부터 실시간으로 추적할 수 있다.

미국의 X밴드 레이더가 외국 영토 내 2곳에 배치된 나라는 일본뿐이다. 그만큼 북한 미사일을 경계한다는 뜻이기도 하지만 실제로는 중국 견제가 더 큰 목표다. 하와이에 거점을 두고 태평양에 떠 있는 석유시추선 모양새를 지닌 세계 최대의 해상 배치 X밴드 레이더는 약 4,000km 거리의 야구공을 식별할 수 있을 정도이니 미국의 미사일 방어능력은 시간이 흐를수록 막강해지고 있다.

그 증거로 미국의 미사일 요격 성공률은 걸프전쟁 때의 10%대에서 80% 이상으로 높아지고 있다. 성공률이 높아지는 배경에는 상대방 미사일을 직격으로 맞히는 키네틱(Kinetic) 미사일 기술의 발달과 X밴드 레이더 출현 덕택이다.

북한이 4차 핵실험을 하고 지나온 길을 되짚어 보면 가까운 장래에 장거리 미사일 발사를 시도할 가능성이 있어 한국 내의 사드(THADD), 즉 미국의 고고도 미사일 방어체계가 배치된 것이고 이 배치는 북한이 자초한 일이다. 일은 북한이 저지르고 한국의 롯데기업 등 중국의 사드 보복에 대한 피해는 한국이 보고 있다. 미국이 미군을 북한 미사일로부터 보호하기 위해 배치하는 사드에 왜 중국은 한국을 제압하려 하는가? 이웃 나라인 중국이 마음속 바닥을 이렇게 보인다면 장래를 어떻게 이웃 국가로 동행할 수 있겠는가? 일시적인 반발에 그치기 바랄 뿐이다. 역으로 중국은 한국을 들여다보고 있지 않은가? 정찰위성과 레이더로 보고 있는데 우리는 아무 말도 하지 않고 있다.

중국이 가장 우려하는 점은 X밴드 레이더가 한국 서해안에 배치되는 것이다. 백령도나 평택, 오산 등에 배치된다면 탐지거리가 1,000~1,800km에 이르러 북한은 물론 중국 동해안의 상하이, 텐진, 다롄에 배치되어 있는 미사일 기지를 속속들이 들여다보게 된다. 한국 자체의 사드는 없고 미국의 사드가 배치되어 있는데 한국 군인은 거기에 들어갈 수가 없게 된다. 중국이 북한의 핵과 미사일이 결합하는 상황을 막지 못하게 되면 미국은 그 빌미로 한국내에 X밴드 레이더의 설치를 요구하게 될 것이다. 일본은 1998년 북한의 대포동 미사일 탄두가 일본 열도를 넘어 태평양으로 날아가자 10년에 걸쳐 사드 시스템을 구축했다. 미국의 X밴드 레이더는 일본 내 두 곳 샤리키와 교토에 배치했으나 일본도 미국과 군사일체화를 이루고 있지만 샤리키와 교가미사키의 레이더 기지에 일본 군인이 들어갈 수 없다. 2018년 현재 일본 육상에는 100km 상공의 고도 높이인 대기권 밖에서 북한이나 중국의 미사일을 요격할 수 있는 시스템은 없다. 그 대신에 요격미사일은 바다에 떠다니는 기존의 콩고급 이지스함을 1척당 개조비용 3,400억 원을 들여 SM-3 미사일을 장착했다. SM-3 미사일은 상대방 미사일을 우주 공간에서 10톤 무게의 트럭이 시속 966km 속도로 직격하는 것과 유사한 파괴력을 갖고 있다.

북한의 4차 핵실험까지 속수무책으로 맞닥뜨려 있는 한국은 어떤 선택을 해야 하나. 가장 중요한 변수는 중국이다. 경제적으로 중국에 크게 의존하고 있는 북한의 핵개발을 저지할 국가는 중국이기에 4회에 걸친 북한 핵개발을 막지 못한 책임을 물어야 한다. 그 책임을 묻는 과정에서 X밴드 레이더의 한국내 배치는 중국을 움직일 수 있는 가장 강력한 협상 카드가 될 수 있다.

국민의 생명과 재산이 백척간두에 서 있는 마당에 중국에 더 이상 저자세로 응대할 수는 없다. 북한의 핵개발과 미사일 실험을 용납해서는 안 된다.

교가미사키의 경우 근무 인원이 많을 때는 160명 정도인데 그 가운데 군인은 20명 정도이고 나머지는 레이더를 운용하는 기술자들이다. 일본은 샤리키에 미국의 사드 레이더 설치를 허가하면서 미국이 획득한 정보를 공유하기로 합의했다. 일본 내에 배치된 사드에는 사드 레이더는 있지만 고고도 요격미사일은 없다. 그러나 이지스 어쇼와(Aegis Asore)를 일본

서부 아키다현과 야마구치현에 배치할 예정이어서 이지스함의 SM-3 미사일과 패트리어트-3 미사일 2단계로 상대방 미사일을 요격할 수 있는 단계에서 이지스함의 SM-3, 이지스어쇼와 패트리어트-3 미사일인 3단계 요격 시스템을 갖추게 될 것이다.

그리고 이달에 새로 도입된 아타고형 이지스함 3척 모두 우주공간에서 북한 미사일을 요격하는 시스템을 갖춰 총 6척의 이지스함으로 북한 미사일에 대비하고 있다. 앞으로 2척을 더 건조해 총 8척으로 북한 미사일 위협에 대비한다는 것이다.

일본은 이렇게 하는데 우리는 주한미군을 주둔시키면서 북한 미사일에 대비하겠다는 첨단 장비의 설치 문제를 놓고 국론이 분열되어 있으니 국가안보는 무엇으로 지키겠다는 것인가. 북한은 한국보다 훨씬 많은 미사일을 갖고 있다. 우리는 첨단 레이더 장비와 요격미사일을 가진 미국과 협력하여 북한의 위협에 대비해야 나중에 소 잃고 외양간 고치는 역사의 과오를 면할 것이다.

제2차 세계대전 이후 세계는 두 가지 분야에서 크게 변한 첨단 기술의 시대에 살고 있다. 첫째는 미사일이고 둘째는 레이더이다. 미사일은 공격뿐만 아니라 요격하는 미사일의 시대에 살고 있다. 레이더는 과거와 같이 빙빙 돌아가는 회전식이 아니고 수천km 바깥의 야구공마저 포착할 수 있는 첨단 레이더의 시대에 살고 있다. 레이더의 출력이 그만큼 커졌다는 말이다.

일본은 2018년 9월 11일 고도 400km 우주공간에 떠 있는 국제우주정거장(ISS)으로부터 화물을 지구로 귀환시키는 작업을 진행했다. 2009년부터 [코이노토리]라는 무인우주기를 국제우주정거장에 보내 우주정거장에 체류하는 우주비행사들의 실험재료와 식자재 등을 운반했다. 그러나 국제우주정거장에 가는 것만 수송했지 지구로 귀환시키는 것은 실행하지 않았기 때문에 국제우주정거장에 도킹하여 물자가 정거장 내부에 이송되면 무인수송기 [코이노토리]는 이탈하여 지구 대기권에 돌입하면서 연소되어 타버렸다. 이번 시험은 직경 약 80cm 높이 약 70cm의 캡슐형태로 단열재와 보냉제 등으로 구성되어 일본 남쪽 해역으로 착수하면 배가 이를 건져 비행기로 일본 쓰쿠바 우주센터로 이송시키는 형식으로 실험이 진행된다. 이 기술은 장차 일본 자체의 우주비행사를 지구로 귀환시키는 계획이 있을 때를 대비하여 기술을 축적하기 위함이고, 군사안보용으로는 대륙간탄도탄 탄두를 대기권 재돌입시 열을 받아 녹아 없어지지 않고 무사히 지구 목표 지점에 착탄할 수 있는 군사기술이 된다. 안전하게 귀환된 캡슐의 내부온도는 섭씨 4도였다.

2018년 6월 2일 내각위성정보센터가 운용하는 레이더 인공위성 6호기를 성공적으로 발사했다고 발표했다. 이제 궤도상에서 돌고 있는 일본의 첩보위성은 총 7기로 늘어나게 되었다. 일본의 우주기술 중 로켓 기술은 세계 1등 분야, 그리고 인공위성도 세계 최고수준인데 무엇보다도 일본의 강점인 될 미래는 위성의 소형화로 성능은 좋고 작은 위성들을 마치 하늘의 은하수처럼 많이 쏘아 세계 각국은 물론 한국과 중국, 그리고 북한을 특별하게 사찰하게 될 것이다. 그리고 소행성에 인공위성을 보내 착륙하여 흙 샘플을 가져올 정도로 먼 우주 공간에서도 위성 컨트롤이 강하다는 점을 세계만방에 과시하는 일본은 진정 우주대국이라는 점을 강조하며 한국도 한국의 안전보장을 위해 국력을 집중시켜야 한다는 점을 타산지석의 교훈으로 삼아야 할 것이다.

우주능력에 더하여 일본의 사이버 대처능력에 대해 간결하게 언급하고자 한다. 2018년 4월 3일 일본 정부 모든 부처의 공공직원의 메일 주소가 약 2,000건 유출되었다고 공지하고 주의를 요망했다. 국방을 담당하는 방위성뿐만 아니라 자위대조차 연간 약 100만 건의 사이버 공격이 일어나고 있다고 밝히고 있다. 동경 일본 방위성 지하실에는 2017년 봄 육·해·공군 자위대 합동 사이버 대책반 20명이 컴퓨터 앞에서 사이버 공격에 대처하고 있다. 2014년 발족한 사이버 자위대는 약 100명인데 지금은 150명으로 늘어났으나 아직은 역부족이라 인원은 더 증강될 태세다. 북한의 사이버 공격 인원을 약 700명, 러시아는 약 1,000명으로 추정하고 있다. 중국은 우주, 사이버 인력이 13만 명에 이른다. 일본 자민당 안전보장 조사회는 가까운 장래에 우주, 사이버 영역에 자위 군사력을 증강시키겠다는 제안을 하고 있다. 2018년 12월 18일 일본은 국방계획을 발표하며 우주 사이버 군사력을 증강하겠다고 공식 발표했다. 일본 자민당은 브레이크 없는 열차가 달리듯 군사력 증강에 골몰하고 있다. 그것은 중국을 두려워하는 일본의 국민이 스스로 입을 다물고 군사력 증강을 바라만 보고 있는 형국이다. 동북아시아가 대립하는 새로운 역사가 쓰여지고 있는 중이다.

특별히 사이버 분야는 한국은 큰 돈 안들이고 안보의 큰 효과를 낼 수 있는 분야라서 대한민국도 국력을 집중하면 국가 안보에 큰 도움이 될 것으로 본다. 끈질긴 지구력을 갖고 일해야 하는 사이버 전력은 한국의 국민문화에도 잘 어울리는 군사전략이다.

06

일본의 사드THADD
미사일 요격 시스템

일본의 사드THADD 미사일 요격 시스템

    일본 영토를 북한이나 중국의 미사일 위협으로 방어하기 위하여 일본은 미국과 연합하여 미사일 방어에 나사고 있다. 일단 미사일을 탐지해야 방어도 되기 때문에 일본은 이지스함 8척 체제와 PAC-3 미사일 방어체계 그리고 육상용 미사일 어쇼아마저 도입할 계획이다. 북한 미사일 발사를 탐지하는데 유용한 수단 중의 하나인 미국의 미사일 관측함 로렌손호다. 미사일 관측함은 미 해군 해상수송 코맨드(Command)에 소속되어 있고 관측업무는 미 공군과 계약된 과학자들이다. 운항을 담당하는 인원들도 모두 민간인들이다. 미해군협회가 발간하는 [Sea Power] 2015년 1월호에 의하면 하워드 로렌손함에 승함한 군인은 1명, 선원은 30명, 과학자가 25명이다. 만재배수량이 1만 264톤으로 상당히 큰 대형함정이다. 이 배는 코브라 킹이라고 불리는 레이더 2기를 탑재하고 있다. 1기는 갑판 뒤쪽에 있고 또 하나의 레이더는 상부구조물의 뒤쪽에 탑재되어 있다. 둘 다 하얀색을 띠고 있다. 가격은 17억 4천만 달러, 한국 돈으로 약 1조 8천억 원짜리다.

레이더의 하나는 S밴드(Band) 레이더로 넓은 공간의 다수의 목표를 탐지할 수 있고 또 하나는 X밴드 레이더로 특정의 목표를 추적하는데 용이하다. 상부구조물 뒤쪽에 있는 것이 S밴드 레이더이고 갑판 뒤쪽에 있는 것이 X밴드 레이더이다. 탐지능력은 동시에 1,000개 이상의 목표를 추적할 수 있고 로렌손호는 2014년부터 일본해역에서 작전을 하고 요코하마나 사세보에 기항하며 작전을 수행한다. 만약 S밴드 레이더가 고장 나도 X밴드 레이더로 임무수행이 가능하다. 공중에서도 북한 미사일을 관측할 수 있는데 미 공군의 RC-135S 코브라 볼이다. 코브라 볼은 3기 밖에 존재하지 않는 대단히 진귀한 항공기로 미 본토의 네브라스카 주에 있는 제55항공단 제45 정찰대에 배속된 항공기다. 코브라 볼에는 중파적외선 어레이(MIRA) 센서가 탑재되어 있어 탄도미사일이 발사되자마자 방출되는 적외선을 탐지한다. 조기경계위성이 우주로부터 위에서 탐지한다면 이 정찰기는 옆, 즉 횡으로 탐지한다. 그러나 탄도미사일이 발사될 때 공중에 체제하고 있어야만 하기 때문에 24시간 즉응태세는 한계가 따르는 단점이 있다. 탄도미사일의 탐지에 가장 유용한 수단은 역시 조기경계위성이다.

고도 3만 6,000km 위에 떠 있는 조기경계위성은 미사일이 발사되자마자 적외선으로 탐지한다. 미국은 2011년에 [우주배치적외선시스템-정지궤도: Space Based Infrared System -Geosynchronous]라고 불리는 조기경계위성을 발사했는데 현재 6기를 운용하고 있다. 조기경계위성이 탐지한 정보는 우선 콜로라도주에 있는 미션 컨트롤 센터에 보내지고 이 정보로 착탄 지점까지 계산해 낸다. 미션 콘트롤 센터는 콜로라도주의 제460우주단 예하로 제2우주경계대, 제8우주경계대와 함께 배속되어 있다. 이 정보는 미 중부 콜로라도주의 NORAD(북미항공우주사령부)가 이 정보를 최종판단하여 전 세계로 탄도미사일 발사 정보를 알려준다. 예를 들어 이 정보는 주한미군사령부, 주일미군사령부, 미태평양군사령부, 알라스카의 미군기지, 캘리포니아의 반덴버그 공군기지, 국가군사지휘센터, 미 유럽군사령부(독일), 영국 등에 전송된다.

일본으로서는 북한의 미사일 발사정보에 특히 필요한 부분은 중거리 탄도미사일 부분이다. 대륙간탄도탄은 지금으로서는 별로 소용이 안 된다. 따라서 미 공군과 해군은 중·단거리 미사일 조기경계정보를 수신하고 착탄지점, 시간 등을 분석하는 부처를 창설했는데 이것이 통합지상전술국(JTAGS: Joint Tactical Ground Station)이다. JTAGS의 미군배치는 1997년부터이고 미 본토 콜로라도주, 텍사스주, 독일, 한국 오산기지, 중동지역, 일본 미사와기지 등이다. 일본 미사와에 배치된 JTAGS는 인원 수는 약 25명이고 미 육군 예하 부대다. JTAGS는 3기의 파라볼라 안테나, 컨테이너 형태의 주거지, 그리고 전원장치들로 구성되어 있다. 파라볼라 안테나는 조립식이기 때문에 대형트럭으로 운반도 가능하다. 조기경계위성이 탄도미사일 발사를 탐지하면 발사지점과 시간, 미사일의 비행경로 착탄예상지점 등 모든 정보가 JTAGS의 디스플레이에 표시된다. 우주와 공중 그리고 해상과 육상 등 모든 정보가 한꺼번에 다 들어오기 때문에 많은 정보를 보유할수록 요격미사일의 효과가 높아진다. 일본의 미사와와 한국 오산의 2곳을 동북아시아에 배치한 미국의 전략 의도는 북한과 중국의 미사일에 대처하기 위함이다.

북한은 1998년 이후 지속적으로 탄도미사일 발사를 감행해 왔다. 2017년만 보더라도 8월 29일에 중거리 탄도미사일 [화성 12호]를 발사해 일본 북해도 남단 상공의 우주공간을 통과해 2,700km나 날아갔다. 9월 15일에도 [화성 12호]를 발사해 같은 경로해 날아갔지만 이번에는 3,700km로 더 멀리 날아갔다. 7월 4일과 28일에는 [화성 14호]를 로프테트, 즉 수직 발사에 가까운 발사를 해 일본을 통과하지는 않았지만 한국 동해상으로 떨어졌다. [화성 12호]와 [화성 14호]는 미국을 겨냥한 탄도미사일이고 일본에 위협적인 미사일은 노동미사일이다. 2017년도 일본 방위백서에서 분석한 북한 미사일을 살펴보면 단거리 미사일인 [독사]는 사정거리가 120km, [스커드 B, C ER 개량형]은 사정거리가 300~500km이고 성능 향상된 미사일은 약 1,000km일 것이라고 추정되고 있다. [노동]미사일은 1,300~1,500km, [무수단]은 약 2,500~4,000km로 파악되고 있다. 잠수함 발사 탄도미사일인 SLBM은 약 1,000km 사정거리로 추정되고 있고 SLBM 개량형은 1,000km 이상으로 추정된다. 중거리 미사일인 IRBM의 신형은 최대 5,000km, ICBM의 신형은 5,500km 이상, 대포동 2파생형인 [광명성]은 약 1만km로 추정된다. 1993년도에 최초 발사된 노동미사일은 1990년 말에 실전 배치되어 일본에 위협이 되고 있고 핵실험도 6회나 해서 핵무기를 이미 보유한 북한으로 예측되고 있다. 북한 군사력은 들여다보면 육군은 약 102만 명, 전차(戰車)는 약 3,500량, 군함은 약 780척, 잠수함 20척, 그리고 작전 항공기 약 560기, 3, 4세대 전투기인 MIG-23 56기, MIG-29 18기, Su-25 34기 등을 보유하고 있다. 재래식 군사력을 보면 일본과 한국에 경쟁 상대가 되지 않지만 대량살상무기인 핵무기와 대륙간탄도 미사일 분야에서는 일본과 한국에 위협적이다.

일본이 궁극적으로 안보위협을 느끼는 국가는 중국이다. 냉전시대에는 구소련이었지만 현재는 중국이다. 특히 중국은 등소평의 개발개혁 정책으로 경제력이 높아지면서 엄청난 군사비용을 투입해 전투기, 항공모함, 이지스형 군함, 잠수함 등 폭발적인 증강을 보이고 있다. 특히 일본이 실효지배하고 있는 센가쿠 열도의 영유권을 넘보고 있는 중국, 그리고 동지나해와 남지나해의 제해권을 장악하기 위해 서사제도와 남사제도에 활주로와 항만, 지대공 미사일 기지 등 군사력이 증강되자 일본은 미국과 군사일체화를 내세우며 센가쿠 방위에 군사력을 쏟고 있다. 2017년 일본 방위백서에 중국의 육군병력은 115만 명, 전차(戰車)는 약 7,400량, 함정은 740척, 항공모함, 구축함, 프리게트함 등이 약 80척, 잠수함 60척, 작전기가 약 2,720기, 전투기는 약 789기로 파악되고 있다. 양적인 측면에서 한국과 일본 그리고 북한을 압도한다. 질적인 측면에서는 과거에 일본을 따라 잡을 수 없었으나 이제는 첨단기술이 적용된 스텔스 전투기, 이지스 시스템 군함, 항공모함 6척의 목표 등 질적인 측면에서 일본의 위협이 되고 있다. 이에 따라 일본의 군사력이 자위대의 차원을 넘어 공격적인 자위대로 변모하고 있는 것이다. 사정거리가 2,000km로 알려진 동풍-21 미사일 등 중국의 미사일 공격에 대비한 미국과 일본은 이지스함만 합쳐서 17척을 목표로 대비하고 있는데 만약 북한만을 목표로 한다면 이토록 많은 탄도미사일 방어 이지스함이 필요하지는 않다. 이는 중국 때문이다. 동북아에 군비경쟁의 격랑이 점점 높아지고 있다.

조기경계위성이 미사일 발사를 탐지한 후에는 비상 중의 미사일의 포착과 추적인데 여기에 사용되는 레이더가 X밴드 레이더이다. X밴드 레이더는 8,000~1만 1,000㎒의 주파수 대역을 사용하여 이동 중의 물체를 포착하는데 일단 전파를 먼 곳에 보내기 위해서는 대단히 출력이 큰 송출장치가 필요하다. 일본에는 아오모리현의 샤리키(車力)와 교가미사키(京都府)의 3군데에 레이더를 설치하고 있다. 샤리키의 X밴드 레이더는 하와이에 사령부가 있는 미 육군 소속으로 2006년도에 배치되었다. 인원 수는 약 100~130명 정도이고 군인은 극소수이고 미국 레이시온(Ratheon)사의 민간기술자들이 운용한다. 북한이 미국의 하와이를 목표로 탄도미사일을 발사하면 일본의 샤리키는 미사일 비행경로 중간의 바로 밑에 위치해 있어 샤리키를 배치 장소로 정한 것이다. 그러나 오키나와 혹은 괌 쪽으로 북한이 미사일을 발사하면 탐지가 곤란하니 교토 부근의 교가미사키라는 곳에 또 하나의 X밴드기지를 만든 것이다. 미국이 X밴드 레이더 기지를 2군데나 해외에 배치한 나라는 일본뿐이라는 점을 다시 한 번 강조한다. 이 기지는 2014년에 배치되었고 인원 수는 160명 정도이고 군인 수는 20명 정도로 역시 민간기술자가 레이더를 운용한다. 이 레이더 정보는 이지스함에도 보내져서 미일통합운용으로 미사일 요격해 사용된다.

일본자위대의 육상에 배치된 FPS-5에서 탐지된 정보도 함께 공유됨은 당연하다. 미국의 사드(THADD)용 레이더가 일본에 두 곳에 배치된 것과 한국의 성주에 배치된 것을 가장 싫어하는 나라는 중국이다. 육상에 배치된 X밴드 레이더인 AN/TPY-2 레이더는 탐지거리가 1,000~1,800km이기 때문에 중국의 핵심 군사시설이 있는 상해, 천진, 대련이 레이더 탐지에 노출된다. 미국이 원래는 한국 배치 X밴드 레이더를 서해 바다 끝 쪽인 백령도를 타진했었으나 한국정부의 반대로 그나마 한국 동남쪽인 경상북도에 배치된 것이다. 2012년 5월 30일 미국 타임지에 실린 기사에 의하면 X밴드 레이더가 하나의 목표를 탐지 추적하기 위하여 에너지를 모으면 약 4,600km까지 거리를 늘려서 그 성능을 발휘할 수 있다고 보도되고 있다.

미국은 해상에 배치된 X밴드 레이더도 1기 운용하고 있는데 이 레이더는 석유시추선 위에 설치된 거대한 레이더 돔으로 당초에는 알류산열도에 배치되어 알라스카를 경유하여 미본토로 향하는 미사일을 탐지하기 위함이 목적이었으나 항상 날씨가 너무 안 좋아 그 운용이 어려워 주로 하와이에 상주한다. SBX(Sea Based X-Band) 레이더는 5만 톤 급으로 덩치가 너무 큰 데다 운항속도가 시속 8노트로 스스로 이동이 가능한데 주로 하와이를 방어하는데 쓰인다. 약 4,000km 거리의 야구공만한 물체를 탐지할 수 있을 정도로 레이더 능력이 뛰어나다.

그리고 미 해군의 이지스함, 해상자위대의 이지스함, 한국의 이지스함도 북한의 탄도미사일 발사를 감지할 수 있다. 일본해상자위대와 한국 해군의 이지스함에 의한 탐지정보는 미국을 경유하여 서로 공유하는 시스템을 갖추고 있다. 비행중의 북한 미사일이 포착되면 미 해군의 요격미사일 SM-3 블록 IA가 발사된다. 2015년 6월 상황에서 SM-3 미사일을 발사할 수 있는 미 이지스함의 일본 체류 이지스함은 5척이고 2017년에는 8척으로 증강된다. 2018년 현재 일본 방위성의 자료 [북조선의 미사일 방위동향에 관하여]라는 보고서에 의하면 북한 미사일 요격에 필요한 일본 이지스함은 2~3척으로 충분하다고 평가하고 있는데 이지스함 8척 체제가 되면 미국과 함께 북한의 미사일에 거의 완벽하게 대처할 것으로 판단된다. 그래서 한국 동해 쪽으로 발사되는 북한 미사일에 대한 대처는 일본 이지스함으로도 충분하다고 생각하는 미일 합동전략본부의 판단이고 미국의 이지스함까지 나서지 않아도 충분하다는 것이다.

만약 북한 미사일이 괌, 하와이, 미 서부 본토로 향한다면 일본 요코스카에 있는 미국의 이지스함이 출동하면 되고 하와이에도 다수의 미사일 요격이지스함이 있어 충분하다고 판단하고 있다. 미 본토에도 서부의 산디에고 항만에도 이지스함이 배치되어 있다. 북한의 미사일을 요격하기 위해서는 주일미군의 이지스함의 경우 조기경계위성의 정보와 X밴드 레이더 정보를 이지스함 SPY-1 레이더의 정보와 합쳐서 날아오는 미사일을 추적한다. 요격예측지점을 계산하자마자 수직발사대에서 SM-3 블록 IA이 발사되는데 첫 단계는 부스터 단계이고 두 번째가 로켓모터, 세 번째가 로켓모터, 유도부, 탄두부로 구성되어 최종요격에 나선다. SM 미사일이 발사되면 목표단계에 도달할 때까지 1, 2단 로켓으로 추진되어 목표물에 접근하는데 대기권을 비상하기 때문에 탄두부는 노즈

콘(Nose Cone)으로 덮혀져 있고 대기권을 벗어나면 노즈콘이 열려 탄두부만 남게 된다. 탄두부는 적외선 센서가 달려 있기 때문에 끝까지 목표물에 근접한다. 목표물 근처에 접근하여 폭발하면서 상대방 탄두를 파괴하는 것이 아니고 운동에너지로 직접 타격하여 파괴한다. 만약 방향이 잘 조준이 안 될 경우는 스스로 자세를 제어하여 목표물에 명중하는 궤도자세제어시스템(DAC: Direct and Altitude Control System)이 내장되어 있어 명중률을 높인다.

미국은 2015년 5월 통계로 총 35회 요격실험을 하여 29회를 성공시켰고 시간이 흐를수록 명중률은 더 높아질 것으로 예상하고 있다. 만약 북한 노동미사일이 사정거리가 1,300km라고 한다면 고도를 약 300km를 지나야 하는데 미국은 제어불능 상태가 된 미국의 인공위성을 SM-3 블록 IA 요격미사일로 약 250km 상공에서 성공적으로 파괴시킨 바가 있다. 기술발전이 이루어진 SM-3 블록 IIA 탄두분리도 더욱 쉬어지고 적외선 센서도 더 많아져 이지스함 1척으로도 다수의 탄두미사일을 요격하는 시대가 열리고 있는 추세다. SM-3 미사일로도 요격에 실패할 경우 마지막 단계는 PAC-3 미사일이 담당하는데 미군은 오키나와의 가데나 미군기지에 배치해 있고 주일 미군기지인 미사와와 요코다, 요코스카, 자마, 이와쿠니, 사세보 등은 일본 항공자위대와 협력해서 방어하는 것으로 되어 있다. 이 전략은 경우에 따라 언제든지 이동배치가 가능해 전장상황에 따라 달라질 수 있다. 한국이 보유한 이지스함이나 일본의 콩고우급 이지스함이나 마찬가지로 8각형의 고정형 레이더가 360도 4곳에 장착되어 있다. 레이더 기술은 날이 갈수록 발달하고 있어 미국의 레이시온(Ratheon)사는 목표물 탐지가 더 뛰어난 레이더를 개발해서 내놓고 있는데 그 모양은 기존의 8각형과는 다르게 정8각형으로 새로운 레이더를 선보이고 있다.

이지스 어쇼아(AEGIS ASHORE): 육상형 이지스 시스템

이지스 어쇼아(Aegis Ashore)는 한마디로 해상 이지스 시스템과 동일한 육상 이지스 시스템이다. 이지스 시스템과 PAC-3를 묶어 BMD(Ballistic Missile Defense), 즉 탄도미사일 방어 시스템이라고 부른다. 이지스 시스템과 PAC-3 이외에도 BMD가 있다. THADD(Terminal High Altitude Area Defense Missile)이다. 미군이 한국 성주에 배치한 미사일 방어 시스템이다. 상당히 값비싼 시스템이기 때문에 미국은 한국도 비용 부담을 하라고 요구할지도 모른다. THADD가 이지스와 PAC-3 시스템과 다른 것은 탄도미사일을 요격하는 단계의 차이이다. 이지스 시스템이 탄도미사일을 요격하는 타이밍은 미드 코스 페이즈드, 즉 중간단계이다. PAC-3는 터미널 페이즈드, 즉 종말단계의 타이밍이다. PAC-3와 종말단계라고 하지만 대기권에 재돌입한 직후가 아니라 지상에서 20 내지 30km 상공에서 탄도미사일이 낙하할 타이밍이다. THADD의 요격 타이밍은 상대방 탄도미사일 미드 코스의 비행이 끝나고 대기권에 재돌입하는 직후의 타이밍이다. 그래서 재돌입 직후를 겨냥하려면 상당히 파워풀한 고성능 요격미사일이 필요하다. PAC-3의 요격률은 탄도미사일이 대기권에 재돌입하여 지상에 가까워지면 질수록 스피드가 빨라져 요격률은 상대적으로 떨어진다. 정리하자면 이지스 시스템에 의한 대기권 밖의 요격미사일 보다는 성능이 낮고 PAC-3 보다는 성능이 강한 요격미사일이 필요한 것이다. THADD 는 이지스 어쇼와처럼 고정된 사이트에 배치되는 것이 아니고 차량형으로 이리저리 옮길 수 있다.

그런데 일본은 고정형인 이지스 어쇼와를 도입하는 것으로 결정했다. THADD로 일본 열도 전체를 커버하려면 총 6기가 필요한데 1기당 약 1조 3천억 원 이상 될 것으로 추정되어 비용측면에서 일본의 부담이 크다. 그에 비해 이지스 어쇼와는 1기당 1조 2천억 원 정도 예측하기 때문에 예산면에서 유리하다. 이지스 어쇼와는 이지스함 탑재 이지스 시스템과 동일하기 때문에 운영측면에서도 유리하다. 그러나 THADD에 사용되는 TPY-2 X밴드 레이더는 대단히 성능이 뛰어나 1,000km 바깥의 물체를 탐지할 수 있는데 이 레이더는 별도로 일본은 2기를 도입한다. 미사일 요격에 가장 효과적인 방법은 상대방 미사일이 점화되어 상승하기 시작하는 부스터 페이즈드(Booster Phased) 타이밍 때 요격하는 것인데 이 타이밍은 상대국 영토에서 벌어지는 일이라 쉽지 않은 상황이다. 가장 효율적인 요격방식은 고출력 레이저 광선을 탑재한 무인기로 미사일을 파괴한다는 것인데 아직 연구개발 중이다. 미국은 오래전부터 화물 비행기에 레이저 발사시스템을 탑재하여 미사일에 레이저를 쏘아 파괴하는 실험을 하고 있지만 고출력 단계가 아니라 아직은 실용단계는 아닌 것 같다. 계산상으로 보면 SM-3 미사일의 최대 속도는 초속 4km, 마하 12 정도인데 레이저 광선의 경우 빛의 속도가 거의 마하 88만에 이른다. 일본은 2018년도 예산에 [고출력 레이저 시스템 연구]에 약 9백억 원을 상계한 것으로 알려지고 있다.

일본에 이지스 어쇼와 설치의 후보지로는 한국 동해 쪽의 아키다현과 야마구치현이다. 이지스함의 BMD 시스템은 해군 자위대가 운용하지만 이지스 어쇼와는 육상자위대가 하게 된다. 이지스 어쇼와가 배치되면 레이더 탐지거리는 최소한도롤 계산해도 800km로 일본열도 전체와 한국전체 그리고 북한 일부가 레이더 탐지 반경 내에 들어간다. 이지스함에서의 임무는 이지스 어쇼와 보다 승무원들의 고통이 크다. 2017년의 경우를 예로 들면 1년에 15회 미사일을 발사한 북한에 대처하기 위해 장기간 바다에서 대기해야 하고 기름과 식량의 보급 그리고 함선의 교대 등 어려움이 많은데 비해 육상 배치 이지스 어쇼와는 약 100명 정도의 인원으로 운용가능하며 이지스함의 승무원에 비해 3분의 1 수준이다. 그리고 육상자위대가 운용하면 해상자위대와의 일체감도 생기기 때문에 상대적으로 역할이 약한 섬나라 일본의 육상자위대에게 자긍심을 불어 넣어줄 수 있다는 계산이다. 이지스 어쇼와의 정보처리능력은 약 100개의 목표를 탐지하여 위험수준이 높은 목표물을 자동적으로 선별하여 즉각 대응하게 하는데 첩보위성의 정보도 함께 공유하여 처리 순번에 올린다. 일본 최고 북단 홋카이도에서 서부방면 북쪽의 아키다현까지의 거리가 약 500km와 남부의 야마구치현과의 거리는 100km, 야마구치현에서 오키나와까지는 약 1,000km이기 때문에, 앞서 언급했듯이 2기의 이지스 어쇼와로 일본열도 전체가 커버되는데 센가투열도와 미야코지마 등 일본 본토와 멀리 떨어진 일본 섬들은 오키나와의 미군 이지스가 커버하기 때문에 큰 걱정이 없다.

이지스 어쇼와는 유럽에도 미국이 배치하고 있다. 루마니아에 있는 데베세루 공군기지에 배치되어 2016년부터 운용 중이다. 미 해군지원시설인 데베세루(U.S. Naval Support Facility Develseu)에 SM-3 블록 1A/B 미사일로 무장하고 있다. 2018년 중에 SM-3 블록 IIA 미사일로 버전 업(Version Up)할 예정이다. 2018년 10월에는 폴란드의 레지코보에 이지스 어쇼와와 SM-3 블록 IIA를 배치할 예정이고 이 미사일은 IRBM, 즉 중거리탄도미사일과 ICBM 대륙간탄도탄을 우주 공간에서 요격할 수 있는 미사일이다. 이 미사일의 사정거리는 약 2,000km로 최고도 도달거리는 약 1,000km이다. 블록 1 보다 사정거리가 약 2배 향상된 미사일이다. 일본에 배치될 이지스 어쇼와의 미사일은 SM-3 블록 IIA로 일본의 북한, 중국 미사일에 대한 대처능력은 크게 향상될 전망이다. 이지스 어쇼와가 설치될 건물은 외벽의 4곳에 빙 둘러 SPY-1 레이더, 멀티 미션 시그널 프로세서, 지휘, 통제, 통신 프로세서가 탑재된다. 이 레이더는 상대방 전투기나 미사일을 탐지추적하고 일본이 발사한 미사일도 지휘·통제한다. 이지스 어쇼와의 레이더 지휘 통제소와 미사일 발사대가 따로따로 설치되는 데 하와이의 경우는 약 3.6km 떨어져 있고 루마니아는 약 536m이다. 발사대는 조립식이라 때에 따라 해체하여 다른 장소에 설치할 수 있다. 레이더와 발사대를 별도로 설치하는 이유는 안전성의 문제이지 별다른 문제는 없다. 이지스 어쇼와에는 SM-3 블록 IIA 발사대가 3대가 있고 1대당 각 8발의 미사일이 내장되어 총 24발 발사가 가능하다. 일본에 2곳에 배치되면 총 48발 발사가 가능하다.

이 미사일은 미국과 일본이 공동으로 개발한다는 점을 주목할 필요가 있다. 그만큼 일본의 미사일 실력은 놀랍다는 말이 된다. 일본에서는 미사일 앞부분 뚜껑인 노즈 콘, 제3단 로켓모터, 제2단 로켓모터, 제2단 조타부(操舵部), 상단분리 부분의 개발을 담당하고 미국은 상대방 미사일을 직격하는 키네틱(Kinetic)탄두, 미사일 유도부, 부스터(Booste), 경량 캐니스터, 즉 미사일 외부통을 만든다. 이 미사일은 새로운 일본의 이지스함 [아타고]형에 수납되게 되어 있다. 총 8척의 이지스함을 보유하게 되는 일본은 [아타고]형 2척이면 일본 열도 방어에 충분할 것으로 예상된다. 여기에다 SM-6 미사일도 도입 계획이 있는 바 이 미사일은 탄도미사일 요격은 물론 토마호크 순항 미사일과 적의 항공기도 파괴할 수 있다. 이 미사일을 도입하게 되면 미사일 방위력은 더욱 향상되는데 목표는 중국 미사일에 대한 대처가 큰 이유가 될 것이다. 2017년도 말 장검(長劍) 20형 순항미사일을 탑재한 중국 폭격기가 대한해협을 통해 일본 바다 거의 중앙까지 들어 온 사례가 있는데 대한해협에서 순항미사일을 발사하면 사정거리가 1,500km나 되어 일본 열도 전체가 사정권 안에 들기 때문에 일본의 미사일 방어는 북한은 표면상의 이유고 중국에 대처하기 위한 포석이라는 점이 더욱 명백해 지고 있다.

세계는 미사일의 시대에 살고 있고 이제는 그 미사일을 공중격파 하는 시대로 접어들었다. 군비경쟁에 모조리 쫓아갈 수 없는 한국은 그래도 사드(THADD)에 관심을 가져야 할 이유는 모든 무기체계를 가질 수는 없어도 미사일 실력만큼은 갖추어야하기 때문에 사드에 관심은 가져야 한다. 사드가 단지 상대방 미사일을 요격하는데 그치지 않고 선제공격을 해야만 할 때 사드 기술의 축적은 정확성 측면에서 도움이 된다. 중국은 세계를 공략할 수 있는 대륙간탄도탄 미사일을 보유하고 있고 일본은 고체연료 로켓인 입실론이 지구궤도 300km 우주공간에 1.5톤의 인공위성을 쏘아 올릴 수 있어 이미 미사일 강국이다. 하물며 북한마저 스커드, 노동, 무수단, 대포동 미사일 등 다양한 미사일을 개발, 실험하며 미사일 강국으로 발돋움하고 있는데 한국은 미래를 내다보고 성능 좋은 공격형 미사일과 요격형 미사일로 빼곡히 무장해야 북한뿐만 아니라 주변국들도 무시하지 못하는 나라가 될 것이다. 사드 배치는 미래를 대비하는 한국의 안보를 한층 더 업그레이드 해 줄 소중한 안보자산임을 유념해야 할 것이다.

07

세계 정상급 전투기와
항공능력

세계 정상급 전투기와
항공능력

    제2차 세계대전 당시 미군의 간담을 서늘하게 했던 제로 전투기는 일본인들의 가슴에 전설로 남았다. 우리에게는 공포스러운 가미가제(神風) 특공대의 제로전투기는 지금도 일본인들의 자부심이 되어 일본 최대 서점 중 하나인 키노쿠니야의 군사부분 코너에 자랑스럽게 진열되어 있다. 제로(Zero), 즉 [0식(式)] 전투기는 일본의 개국 2600년이 되는 1940년에 생산되었다고 해서 마지막 숫자인 영(零)을 따서 제로전투기로 명명하게 되었다. 일본인들이 제로전투기에 대한 추억과 자랑스러움이 깊은 이유는 제로전투기가 그 당시 가장 빠른 전투기였고 10시간을 비행해도 끄떡없는 [사가에]라는 공냉식엔진 덕분이었다. 1937년 일본해군은 호리고시(堀越) 엔지

니어에게 상식을 뛰어 넘는 우수한 전투기를 만들어 달라는 주문을 받고 전투기의 중량을 줄여나가는 점에 중점을 두고 세계 최초로 꼬리날개 부분에 섬유소재를 사용하여 기동력이 뛰어나고 가벼운 전투기를 만들어 내었다. 제로전투기의 놀라운 첫 소식은 미국의 진주만 공격 이전의 중국 전선에서 들려왔다. 1940년 9월 13일, 13기의 제로전투기가 기지로부터 700km나 떨어진 중국의 중경(重慶)까지 진격해 단 1기의 손상도 없이 중국군의 전투기였던 소련제 I-16과 I-153 27기를 전부 격추했다는 승전보가 날아들고부터다. 그 이후 미국과 영국의 전투기였던 P-39, P-40, F4F, F2A, 허리케인 등도 제로전투기를 당해내지 못했다.

미국의 전투기가 도저히 따라잡기 힘들게 별도의 기름통을 전투기 배에 달고 장거리 출격을 하고 20mm 기관포를 쏘아대니 제2차 세계대전 전반부였던 1942년까지 무적의 전투기의 위용을 과시했다. 이런 전투기에 골머리를 앓던 미국은 1942년 6월 미드웨이 해전과 병행해서 수행했던 알류산열도 작전에서 손상이 되지 않은 제로전투기를 나포하게 되었다. 제로전투기의 구조를 철저히 분석한 결과 가벼워서 기동력은 뛰어나서 상승력은 뛰어나 급강하에 취약하다는 점을 파악하고 직접교전을 할 때는 제로전투기의 위에서 기관포를 쏘아

대면서 무적의 제로전투기는 무너지기 시작했다. 미국 전투기에 딸려있는 기관총의 탄환을 좀 더 큰 것으로 대처하여 한 발만 제대로 맞아도 제로전투기가 추락해 버리는 약점을 간파하여 전쟁말기에는 제로전투기가 본래의 기능을 제대로 발휘하지 못하는 형편이 되고 말았다. 그러면서 고도로 숙련된 조종사들도 많이 잃게 되니 속수무책으로 괴멸되기 시작한 것이다. 그래도 제로전투기를 자살특공대로 그 임무를 바꾸어 다수의 미국 군함이 침몰되면서 미군의 간담을 서늘하게 했던 전투기로 유명했고 전쟁이 끝난 후 일본의 점령군 사령관이었던 맥아더 원수는 일본의 항공산업을 초토화시키기 위해 1945년부터 1952년 까지 항공산업 공장을 모두 문닫게 하여 2016년 현재에도 항공산업 만큼은 미국에 한참 뒤처져 있는 형국이 되고 있다.

　제로전투기가 프로펠러 전투기이지만 일본은 전쟁 막바지에 제트전투기도 개발한 나라다. 일본이 미국에게 항복한 1945년 8월 15일을 앞둔 8월 7일 키쯔카(橘花)라는 전투기를 일본해군 항공기술창에서 설계하고 나카지마 비행기제작소에서 제조하여 시험비행을 마치고 양산을 시작할 무렵 원자폭탄을 맞고 패망해 버려 일본의 항공산업은 주저앉아 버리게 되었다. 일본의 미쯔비시 중공업이 100석 규모의 민간여객기를 생산해도 잘 팔리지 않을 뿐더러 여전히 미국 보잉사가 생산하는 보잉 787의 주익 날개를 만들고 있지 대형 여객기는 아직 만들지 못하고 있다. 세계 최고의 전투기인 제로전투기를 생산했던 일본이 항공산업 만큼은 한 맺힌 산업이 되었고 미국의 전투기를 도입해도 엄청난 라이선스 비용을 지불해 가며 기술축적을 하고 있는 일본은 언젠가는 미국과 경쟁할 수 있는 최첨단 전투기를 독자생산 하는 것이 목표다.

F-2 전투기에서 X=2 [선진기술실증기]까지

F-2 전투기의 개발비사에 대해서는 동경도지사를 지냈던 이사하라 신타로씨의 저서 [The Japan That Can Say No]라는 책에 소상히 기술되어 있다. F-2 전투기는 원래 일본이 독자적으로 개발하려 했으나 미국이 두 가지 목적에서 공동개발을 강요하여 개발에 이르게 된 것이라고 한다. 첫째는 미국이 갖지 못한 첨단 레이더 기술과 주 날개를 탄소섬유수지로 만드는 복합성형 기술 등 최첨단 기술을 일본이 갖고 있어 전투기에 있어서 일본 보다 우위에 있어야 하는 미국은 미군을 일본에 주둔시키며 일본을 보호해 주고 있다는 명분으로 공동개발을 강요했다는 것이고 두 번째는 미국이 일본을 통제할 필요가 있다는 생각에서였다. 이미 1980년대 중반

쯤 되었을 때 미 국무장관으로 명성을 날렸던 헨리 키신저씨는 일본이 군사강대국이 될 것이라 예언한 바가 있다. 군사강대국이라 함은 일본이 미국처럼 핵무기와 대륙간탄도탄을 갖게 될 것이라는 것이 아니고 미국이 갖지 못한 첨단 기술력, 예를 들어 대륙간탄도탄의 명중률을 좌우하는 컴퓨터에 쓰이는 갈륨비소반도체 기술력이라든가 첨단전투기 제조에 쓰이는 고품질의 탄소섬유수지 등은 미국이 따라올 수 없는 기술이기 때문이다. 세 번째는 미국에 대한 일본의 무역흑자가 너무 커 무역적자를 메울 수 있는 산업분야에서 거의 유일무이한 산업이 군수산업이기 때문에 일본 전투기 개발을 공동으로 하자고 제안하여 일본이 이를 수용한 것이다.

이시하라씨는 정치가 이전에 일본에서 유명한 작가로 이름이 널리 알려진 인물이고 영향력이 큰 사람이다. 이 책이 미국에서 출간된 때는 1989년으로 일본이 미국의 경제를 좌지우지한다는 말이 나올 정도로 명실공히 경제대국이고 미국 다음으로 강력한 국가라고 주변은 물론 자화자찬하던 시절이었다. 미국 뉴욕 맨하탄의 고층 빌딩을 일본 부동산이 마구 사들일 정도로 돈이 풍부했던 그 시절 일본은 미국이 F-2 전투기를 공동개발하자 단호히 [NO]라고 말할 수 있어야 한다고 세계를 향해서 주창했던 것이다. 결과는 어떠했는가?

미군을 일본에 주둔시키는 일본은 미국의 제안을 수용했고 무역전쟁, 즉 미국의 대일 무역적자를 해소하는 방향으로 역사는 흘러갔다. 그 당시도 미국의 제조업은 엉망이 되어가고 경쟁력이 없었으며 전자제품, 자동차에 이르기까지 일본제품이 미국에 넘쳐 났다. 30년이 지난 세계는 어떠하고 일본은 대미관계가 어떠하며 한국은 어떤 처지에 있는가? 트럼프 대통령은 미국의 제조업이 다시 부활해야 한다며 가장 큰 무역적자를 만들고 있는 중국에 대해 무역전쟁을 일으키며 막중한 관세보복으로 무역적자를 해소하려 하고 있다. 이것은 선과 악의 문제가 아니라 미국이 초강대국이기 때문에 그 지위를 유지하려는 국가전략인 것이다.

다시 F-2 전투기로 돌아가서 말해보면 F-2 전투기의 처음 이름은 FSX(Fighter Support Next), 즉 지원전투기였다. 왜냐하면 일본은 평화헌법 제9조에 국제분쟁에 무력을 사용할 수 없게 되어 있기 때문에 방어 임무에 지원한다는 이름을 붙여 헌법과의 마찰을 피하고자 했기 때문에 그렇게 이름이 붙여진 것이다. 첨단전투기를 만들려면 복합적인 기술의 총집합체가 되어야 하는데 미국은 일본에게 세라믹 분야, 반도체, 탄소섬유수지 등 소재 분야에서 뒤떨어져 있었기 때문에 미국방성의 요구를 받아들인 레이건 대통령은 일본에 압력을 가해 그 당시 다케시다 수상과 F-2 전투기의 공동개발에 서명하게 된 것이다. 그 당시에 엔진에 대해서는 미국의 엔진을 쓸 수밖에 없지 않았느냐? 라는 말을 하는 지적이 있으나 이시하라씨는 엔진자립도가 95% 정도에 충족되어 있고 설령 엔진이 미국의 엔진만큼 성능이 뒤떨어져도 주 날개의 강한 힘으로 기동성이 우세하면 아무 문제가 없다고 갈파한 바가 있다. F-2 전투기는 그 당시로는 세계 최초로 액티브 페이즈 드 어레이 레이더(Active Phased Array Radar) 시스템을 갖추어 레이더가 수많은 반도체 부품으로 구성되어 각 소자가 전자 빔을 발사해 상대방 전투기나 함선을 탐지하는 구조여서 일본 스스로 자랑할 만한 레이더를 미쯔비시전기가 개발한 것이었다. 항공기라면 60km 거리까지, 선박이라면 180km 내의 배를 탐지할 수 있는 레이더이다. 2009년 당시 출고 가격이 1,200억 원이나 할 정도로 값비싼 전투기였지만 미래를 대비한 전투기 자체 생산능력을 갖추려는 일본 특유의 안간힘이 실려 있는 전투기였다고 보면 된다. 국산기술을 많이 채용하다 보니 상상을 초월하는 가격대가 나왔지만 이를 우직하게 참고 가는 일본의 민족성은 비단 전투기뿐만 아니라 사회 전반에 걸친 제조업에 일본정신이 깃들어져 있는 것을 알 수 있다.

F-2 전투기는 미국의 F-16 전투기를 기본으로 성능을 업그레이드 한 것이지만 F-16의 주 날개의 면적이 27.86㎡인 것에 비해 F-2는 34.84㎡로 날개크기가 커 기동력을 훨씬 높인 비행기로 이름 나 있다. 그리고 초저공비행을 할 수 있기 때문에 새 등의 조류에 충돌할 가능성이 높아질 것에 대비 방풍(防風)강화 대비책도 마련한 전투기다. 그리고 동체 뒤편에 공중급유를 받을 수 있는 장치가 있어 공중급유기를 보유하지 않았던 일본은 먼 미래를 내다보고 공중급유장치를 부착한 것으로 평가된다. 겉으로만 자위대이지 자위대가 아니며 언제든지 공격편대로 바뀔 수 있는 은둔 구상을 착착 진행해 온 일본임을 알 수 있다.

X-2 [선진기술실증기]와 F-3

2014년 1월 28일 일본 방위성은 2019년부터 시험제작을 시작하는 [선진기술실증기]를 나고야 미쯔비시 고마키 공장에서 공개하고 이름을 X-2라고 명명했다. 일본 스스로 개발하는 차세대 전투기이기 때문에 고운동성과 스텔스 기능의 강화라 것으로 내다보인다. 특히 스텔스 기능에 대해서는 일본은 뛰어난 기술을 갖고 있다. 세계 최초의 스텔스 전폭기라 불리는 F-117A에 스텔스 기능을 갖춘 페인트가 칠해져 있었는데 이 페인트가 일본으로부터 제공된 것이라는 사실을 캔트 칼더(Kent Calder) 교수는 [Pacific Community]라는 학술지에 게재하고 있다.

이 실증기에 탑재될 이시가와지마 하리마, 즉 IHI 회사의 XF5-1 에프터 버너(After Burner) 터보 엔진은 추력이 5,000 kfg로 작은 엔진인데 이 정도의 추력이면 작금의 첨단 전투기로서는 작은 엔진이지만 기체의 무게를 경량화하고 소형으로 만들면 동등 이상의 기량을 발휘하는 스텔스 전투기가 될 것으로 평가되고 있다. 엔진도 곡선으로 구부러지게 하는 형태로 개발될 예정이어서 레이더 탐지를 어렵게 하며 운동성도 다양하게 하는 구조로 만들 계획이다. 기체 구조는 탄소섬유수지를 사용하기 때문에 지금까지 보지 못한 가벼운 전투기가 등장할 것으로 내다보인다. 일본 민족성에 녹아 있는 [더욱 더 가볍게]라는 문화는 집채만한 트랜지스터를 손바닥에 올려놓는 워크맨이나 MP-3로 축소시키는데 성공하였듯이 전투기의 초경량화 목표를 스텔스 기능과 함께 갖출 것으로 기대되고 있다. 고품질의 탄소섬유시장의 75%를 점유하고 있는 일본의 탄소섬유수지 생산업체인 토레이, 테닌 등의 회사는 쇠보다 강하고 알루미늄 보다 가벼운 고품질의 탄소섬유수지를 생산하고 있는바 이미 보잉 787 민간여객기의 주 날개를 생산하고 있는 일본은 이 날개의 상당부분을 탄소섬유수지로 만들고 있어 미국으로 볼 때는 일본은 가장 소중한 안보경제 파트너가 될 수밖에 없다.

수년 전 미국 시애틀에 있는 미국 보잉사를 방문했을 때 탄소섬유수지 가공 모습을 보고 싶다고 했더니, 시애틀 남쪽 프레드릭슨 공장에서도 탄소섬유수지 판넬을 만들고 있다 하여 방문한 적이 있다. 과거에 물레를 돌려가며 실을 자아내며 뽑았듯이 기구를 빙빙 돌려가며 실 같은 탄소섬유수지를 중첩되게 쌓아가며 판넬을 만드는 모습을 볼 수 있었다. 세계에서 가장 가벼운 전투기인 제로전투기를 만들어 세계를 경악시켰던 일본이 이제는 탄소섬유수지를 가장 많이 적용한 전투기로 세계를 다시 한 번 놀라게 하는 날이 올 것이라고 예측된다.

F-3는 길이 14.2m, 폭이 9.1m 높이가 4.5m의 비행체로 스텔스 기능을 위한 형상구조와 신소재복합구조의 고운동성 기능이 합쳐진 실험기이다. 그리고 일본 최초로 아프터 버너(After Burner)의 엔진을 장착할 계획이다. 아프터 버너 엔진이어야만 초음속 속도를 높일 수 있다. 스텔스 기능을 높이기 위해 주 날개의 각도를 조정하여 레이더반사면적(RCS)을 최

소화 하고 공기 취입구도 레이더 반사를 억제하기 위하여 구부러진 곡선 형태로 설계되었다. 비행체를 구성하는 소재에노 레이더파를 흡수하는 소재를 사용하여 상대방 레이더에 포착되기 어려운 기술을 최대한 반영한 실증기이다. 레이더(Radar)라는 말은 Radio Detection and Ranging, 즉 무선전파에 의한 탐지와 거리라는 말로 제2차 세계대전 중에 개발되었다. 지금은 레이더 탐지기술이 고도로 발달되어 육상과 해상 그리고 공중과 우주에서 전방위적으로 이루어지고 있다. 레이더 기술의 발달과 함께 이제는 그 레이더에 포착되지 않는 이른바 잡느냐 잡히느냐의 기술싸움이 벌어지고 있는 것이 현대 전쟁터의 양상이다. 레이더에 포착되지 않기 위해서는 플라스틱으로 제조하는 편이 유리하나 엔진은 금속재로 이루어져 있기 때문에 여러 가지 방법을 동원하여 스텔스 기능을 높일 수밖에 없다. 레이더 반사면적의 크기는 전자파를 쏘아 되돌아오는 반사면적을 나타내는 데 일반적으로 미터 단위로 표시한다.

예를 들어 스텔스 기능이 없는 F-4 팬텀 전투기의 경우는 레이더 반사면적, 즉 RCS가 5~6㎡에 달하고 큰 비행기인 B-52는 약 100㎡에 이른다. 한국에 가끔 전개되는 미국의 전략항공기인 B-1B의 RCS는 약 2.45㎡로 스텔스 기능을 한층 강화했다. 일본은 F-3 [심신]을 베이스로 F-3E 스트라이커 스텔스 전투폭격기를 개발할 생각을 하고 있는데 그 배경에는 중국의 항공모함 공격형 전폭기를 염두에 두고 있기 때문이다. 미국으로부터 F-35 A, B, C를 작전형태에 맞게 공중전 기본형 A타입, 항공모함 탑재용인 B, C를 갖춘다 해도 일본의 F-15 전투폭격기가 전부 퇴역하면 공중폭격이 원활히 할 수 있는 대형 전투기가 없다. 그래서 일본이 구상을 하고 있는 것이 제5차 F-X 계획, 즉 방위성 기술연구본부의 ATD-X 선진기술실증기이다. F-35 스텔스 전투기는 스텔스 성능은 뛰어나나 기체가 작아 항속성능과 속도를 급하게 올리는 가속성이 부족하다. 중국이 우크라이나로부터 구입하여 개조한 [요녕] 항공모함을 시작으로 총 6척을 보유할 것으로 예상되므로 일본은 [호우쇼우] 항공모함을 구상하며 이른바 동북아에 항공모함 경쟁이 시작되고 있다. 현재 상황으로 볼 때 일본이 전투폭격기인 F-3 [심신] 스트라이커를 항공모함에 싣게 될 경우는 중국을 전력면에서 압도할 것으로 스스로 판단하고 있다. 중국 항공모함에 배치될 중국 전투기는 J-15 인데 이는 중국 독자의 J-11을 기초로 함재기로 개발한 것이다. 개발 당시 우크라이나로부터 입수한 러시아제 SU-33 전투기를 해석하여 주 날개를 접는 기능과 착륙할 때 받는 스트레스를 개선하여 개발한 것인데 일본 전투기들에게는 대적이 어려운 열세의 전투기이다.

그리고 이제는 진투기들이 서로 대치할 때 눈에 보이지 않는 시야 밖의 전투기나 함정을 격파할 수 있는 무기체계를 갖고 있는데 일본은 세계 최첨단의 E-767 AWACS를 갖고 있어 여기에 탑재된 레이더인 AN/APY-2 레이더가 멀리 있는 중국 전투기와 레이더를 샅샅이 포착하여 격파 지령을 내리기 때문에 중국으로서는 역부족이다. AWACS는 2030년대까지도 아무런 문제없이 첨단을 달릴 수 있는 공중지휘소인데 중국은 이 항공기를 구입할 곳도 없고 자체 개발도 어려워 중국 스스로 고민하고 있는 분야다. 중국 항공모함에 탑재된 항공 레이더마저 Ka-31 조기경계헬리콥터 하단부에 실려 있는데 속도, 비행고도, 항속거리 등 모든 분야에 있어 AWACS에 뒤쳐진다. AWACS의 탐지거리가 500km인 것에 비해 중국의 조기경계헬기는 110km에 못 미치기 때문에 처음부터 감당이 되지 않는다. 그리고 AWACS는 고도 9,000m 상공에서 작전을 수행하지만 중국의 조기경계 헬기는 3,000m가 고작이다. [심신]이 장착할 AAM-4 공대공 유도탄은 사정거리가 70km이고 중국의 PL-12 미사일도 사정거리는 거의 동등하나 레이더 실력에 뒤처지는 중국은 일본에 열세이다.

그리고 [심신] 전폭기에 사용될 엔진을 일본의 이시카와지마하리마(IHI)를 주계약자로 실험을 하고 있는데 이 엔진은 XF5-1으로 이 엔진이 개발되면 미국의 F-22 전투기와 필적하는 엔진성능을 갖게 될 것이고 아프터 버너를 쓰지 않고도 쿠르즈 속도, 즉 초음속 속도를 낼 수 있는 엔진이 될 것이다. 예나 지금이나 전투기의 세계에서는 역시 엔진 파워가 승패를 가늠한다.

F-2 미·일 공동개발전투기

2015년 현재 항공자위대에 있어 최신예 전투기는 일본의 미쯔비시와 미국의 록히드 마틴이 공동 개발한 F-2A/B 전투기다. A형은 단좌 실용형이고 B형은 복좌형 연습기다. F-2 전투기의 색깔이 푸른색인 것은 바닷물 색과 비슷하게 칠해져 있는데 대형 공대함 미사일 4발을 탑재한 채로 해면 위를 낮게 비행하면서 상대방 군함을 격침시키기 위함이다. 미국의 F-16 전투기를 베이스로 개발되었지만 날개가 탄소섬유수지의 복합일체성형기술로 만들어져서 회전능력이 뛰어나고 날개도 미국의 F-16 보다 커서 대함 공대함 미사일을 장착하게 되었다. 세계 최강의 전투기가 최고의 속도로 한 바퀴 회전하려면 반경 약 5,000m의 공중면적이 필요한데 F-2 전투기는 1,600m만 있으면 가능해 공중전 생존능력도 뛰어나다. F-2 전투기는 2000년도부터 부대배치가 시작되었는데 당초에는 주 날개 밑에 대함 미사일 4발이 장착되어 있어 적의 함선을 공격하는 반장이라는 닉네임(Nick Name)이 붙을 정도로 전투 환경이 제약이 있었지만 2006년부터 JDAM, 2008년에는 LJADAM 그리고 최근에는 GBU-39, GBU-12 등의 유도폭탄이 장착되어 공중, 대함, 대지 모두를 전방위적으로 공격할 수 있는 다목적 전투기로 거듭나고 있다. 행동반경은 800km이고 미사일은 적외선 센서를 달고 있어 표적을 끝까지 추적한다.

F-2 전투기의 우수성은 지구가 둥글기 때문에 바다 수면 위를 낮게 비행하여 수평선 바깥에서 공대함 미사일을 발사할 수 있는 강점을 가졌기 때문에 상대방 군함으로서는 공포의 대상이다. F-2 전투기 4대가 편대를 이루어 상대방 군함을 공격할 경우 1기당 4발의 공대함 미사일을 갖고 있기 때문에 16발 중 1발만 명중해도 그 군함은 기능을 상실하게 되어 해양국가인 일본으로서는 최적의 전투기이다. 원래 F-2 전투기가 개발될 당시에는 일본 영토를 침범해 들어오는 군함을 격파할 기능의 지원전투기 개념이었으나 개발이 끝나고 성능 향상을 도모해 지상에의 공격과 공중전까지 다목적 임

무를 새로이 부여한 전투기가 되었다. 일본의 전투기 제조기술을 유지하기 위한 과정상의 전투기였기 때문에 일본의 차세대 전투기도 미국이 F-22 전투기 기술공여를 생각하며 대화가 진행 중일 정도로 일본은 전투기의 자체 제조 기술을 유지 발전시키고 있다는 점이 강대국이자 선진국이라는 점을 강조할 수밖에 없는 것이다. 무장은 LJDAM(Laser JDAM)으로 앞부분에 레이저 유도 시스템이 장착되어 있어 차량 등 이동 목표의 파괴에 탁월한 능력을 발휘한다. 전투기에서 목표물을 향해 투하된 후에는 GPS로 끝까지 유도되어 목표물로 향한다. 1995년에 최초 비행을 시작한 F-2 전투기는 2000년도부터 양산을 시작해 2011년까지 단자형(單座型)의 F-2A 64기, 복좌형(複座型)의 F-2B가 34기가 납입되었다.

F-15 전투기

F-15 전투기는 개발 당시에는 [전투기의 롤스로이스]라고 할 정도의 무적의 전투기였다. 스텔스 전투기가 등장한 지금도 막강한 화력과 가동성을 자랑하는 일본의 F-15 전투기가 도입되기 시작한 시기는 1972년도였다. 부자나라답게 1기당 가격이 1,200억 원을 호가하는 F-15를 1981년부터 도입하여 무려 200기 정도 보유하고 있다. 한국은 총 60기 정도 보유할 계획

이다. 엔진추력이 워낙 좋아 최신예 전투기인 F-2나 F-35도 F-15의 엔진추력에 미달된다. 에프터 버너를 쓰면 마하 2.5의 초음속으로 기동할 수 있다. 급속도로 이륙해야 할 상황이거나 전투할 때 쓰이는데 연료소비가 크기 때문에 20~30분 정도에 머무른다. 중량이 가벼운 F-2 전투기에 비할 바는 아니지만 1만 8,000kg이나 되는 무게의 전투기가 수려한 기동력을 갖는 이유는 막강한 엔진과 테니스 시합을 할 정도의 날개넓이라고 농담을 할 정도로 크고 넓은 날개 덕택이다. 무장은 중거리 미사일 4기, 단거리 미사일 4기인데 지금까지 실전의 공중전에 투입되어 상대방 전투기를 무려 117기나 격추시킨 업적을 쌓은 전투기이고 발 빠르게 변화하는 기술진보로 개량작업을 충실히 해 전투기의 역량을 평가하는 레이더와 미사일 기술을 개량하여 장착해서 아직도 막강한 전투력을 발휘한다. 아쉬운 점은 F-35나 F-22 보다 스텔스 기능이 떨어진다는 점이다. 일본은 이점을 고려하여 사정거리 약 925km의 JASSM-ER 미사일 2기를 장착한 F-15J 전투기 12기, 즉 이 미사일 24기로 유사시에 일본 서부 니이가카 근처에서 스탠드 오프(Stand-Off) 공격, 즉 상대방 국가의 미사일 사정거리를 벗어난 자국의 영토에서 미사일을 발사하는 형태로 발사하게 되면 북한의 평양도 공중 폭격할 수 있다는 전투작전을 세워 놓고 있을 정도이다. F-15 전투기 12기가 24발의 미사일을 발사하게 될 전투상황이 벌어지면 호위용의 F-15 전투기 18기가 비행기지에서 대기 상태에 들어가는 작전계획이 수립되어 있다.

F-35 전투기

F-35 전투기의 1기당 가격은 약 1,600억 원으로 평가된다. 나라가 잘 살지 못하면 이러한 제5세대 전투기를 들여올 수 없을 정도로 가격이 비싼 스텔스 전투기다. 미국의 록히드마틴사가 생산하는 F-35 스텔스 전투기는 2018년 1월 26일부로 일본 아오모리현 미사와 기지에 배치가 시작되었는데 F-35A 라이팅 II는 일본 최초의 제5세대 전투기이고 다목적 임무를 띤 전투기로서도 최초다. 일본과 미국이 개발한 미쯔비시의 F-2 지원 전투기도 개량을 해 다목적 임무를 강화시켰지만 그 능력에는 한계가 있다. 다목적 임무란 공대공(空對空), 공대지(空對地), 공대함 전부를 모두 치를 수 있는 전투기를 말한다. F-35의 다목적 임무는 무장할 수 있는 무기를 보면 알 수 있는데 기관포에서 미사일, 핵폭탄까지 무장할 수 있다. 그런 B61-12와 같은 핵폭탄은 일본에 팔지 않고 미국의 F-35만이 탑재할 수 있다. 2018년도까지의 예산으로 도입하는 F-35는 32기이고 일단 2개의 비행대 총 42기를 들여올 예정이다. F-35는 최대 속도가 마하 1.7에 이르고 전투행

동반경이 1,000km를 상회한다. F-35에 탑재될 AIM-120 미사일은 적의 레이더에 잡히지 않고 레이더 기지를 공격할 수 있어 F-35 전투기의 스텔스 성능을 최대한 발휘할 수 있는 미사일이다. 호주의 공군도 이 미사일을 도입할 것으로 결정되었다. 그리고 적의 레이더 기지를 공격할 때 그곳에 함께 있는 대공 미사일 기지를 공격할 때는 JSM(Joint Strike Missile) 미사일을 사용하는데 사정거리가 550km를 넘어 상대방 국가의 국경 바깥에서 발사할 수 있는 장점을 갖고 있어 공격 받을 가능성을 최대한 낮추고 있다. 기체 외부에 장착하면 최대 6발까지 장착 가능하나 기체 외부에 장착하면 적의 레이더에 탐지되기 쉬워 내장하여 스텔스 기능을 최대한 살려 공격하게 되면 2발의 JSM 미사일을 탑재한다.

일본의 항공자위대는 F-35A를 도입하게 되고 나중에 중국의 위협 정도에 따라 수직이착륙기인 F-35B도 도입할 수도 있다. 이즈모나 가가 항공모함은 이미 수직이착륙기 도입을 전제로 하여 갑판을 고열에 견딜 수 있는 구조로 강화하면 되기 때문에 F-35B의 도입은 기정사실화 된 것으로 추측되어진다. 아베 총리가 비국이 보유한 최신예 전투기인 F-22를 100기나 사겠다고 했지만 기술유출을 우려한 미국의 오바마 대통령은 이를 거절한 바가 있어 F-35 도입을 결정하고 스스로 심신(心神)이라는 스텔스 전투기를 개발하고 있다.

F-35 스텔스 전투기는 상대방 레이더에 포착되기 어렵다는 점을 높이 평가된다. 상대방 전투기가 레이더 파를 쏘아도 그대로 반사되지 않기 때문에 포착이 어려운 스텔스 전투기다. F-35 전투기는 이지스함에 사용되는 액티브 레이즈드 어레이 레이더(AESA)의 축소된 소형판 레이더를 비행기 앞부분에 장착해서 먼 거리에 있는 상대방 전투기를 탐지하고 F-35 전투기의 탐지 자체는 어렵게 만든 레이더이다.

스텔스 성능 보다 더 가공할 전투력은 정보수집 장치에 있다. 예를 들어 고도로 정밀한 적외선(IR) 센서를 갖고 있는데 약자로 EODAS라는 시스템은 6개의 IR 카메라를 기체 각 부위에 달아 적 전투기의 전방, 측방, 후방, 심지어는 전투기 아래 부분까지 적 전투기의 근접을 알 수 있다. 전투기 후미에 적외선 탐지 장치가 있어 후방에 있는 전투기를 미사일로 공격할 수 있어 전방위 대처능력을 갖고 있다.

AWACS E-767: 조기경계관제기와 공중급유기

E-767은 민간여객기인 보잉 767을 기본으로 하여 개발한

조기경계관제기(AWACS)이다. [신의 눈]이라 불리는 공중의 지휘사령탑으로 최대탐지거리가 약 800km로 일본 전투기들이 공중전을 하거나 육상 공격을 하거나 아니면 적의 함선을 공격할 때 위치와 상황을 실시간으로 어떻게 대처해야 하는가를 알려주는 고급 정보 비행체이다. 기내에서 휴식용 침대도 있고 여객기를 기본으로 제조했기 때문에 1기당 가격이 약 5,500억 원이나 하는 고가로 총 4기를 보유한 나라는 아시아에서 일본 밖에 없다. 도쿠가와 이에야스의 성이 있었던 하마마쓰 기지에서 운용 중이다. 체공시간이 12시간으로 충분한 작전능력을 갖고 있으며 고도 1만~1만 2,000m 상공에서 작전을 지휘한다. 날씨가 나쁠 때도 최대 350km의 물체탐지가 가능해 자위대가 이 비행기를 4기나 보유한다는 사실은 말이 자위대이지 어느 군사대국 못지않은 군사전략자산을 보유하고 있는 것이 일본자위대의 실제 모습이다. E-767에 탑재된 레이더는 AN/APY-2 레이더로 모든 방향의 물체 600개 정도를 동시에 탐지할 수 있다. 최대의 특징은 기체 상부에 달린 직경 9.14m의 로드 돔이다. 이 돔 가운데는 레이더 안테나와 상대방을 식별하는 장치가 내장되어 있고 목표와 포착과 식별이 한꺼번에 이루어진다. 돔은 1분간 약 6회전하고 돔의 검은 부분은 전자파를 투과시킬 수 있게끔 그라스 화이버로 되어 있다. 기체 내에는 탐지를 표시하는 액정 화면이 14개나 배치되어 있다.

K-767 공중급유수송기는 보잉사의 여객기 B-767을 개조한 것으로 항공자위대는 2008년 2월에 제1호기를 수령하였다. K-767은 공중급유수송기로서는 세계 최초로 원격인식장치를 도입한 기체 뒤편에 카메라가 5대 달려있고 코크핏 바로 뒷면이 급유를 조정하는 공간이 있다. 기체 내에는 별도의 공급용 연료 탱크가 있는 것이 아니고 공중급유기 자체 비행기에 실린 연료를 나누어 주는 형태인데 최대 90톤의 기름을 실을 수 있고 2,000km 밖에 있는 일본 F-15 전투기들에 최대 30톤까지 급유가 가능하다. 수송기로서의 역할도 커 기체 내부를 승객 좌석으로 임시 설치할 경우 200명 정도가 탑재가능하다. 미국이 이라크와 전쟁을 치렀을 때 미국에서 중동까지 약 1만 1,000km를 쉬지 않고 비행했는데 공중급유를 8번 받으면서 전투기를 중동지역에 투입했다. 공중급유기는 공격의 무기로 분류되는 이유가 남의 나라에서 작전이 가능하게 되는 매개체이기 때문이다. 일본자위대가 공격형 자위대로 변모하게 되었다는 가장 큰 증거 중의 하나가 공중급유기의 보유라고 평가하는 이유다.

08

항공모함으로 공식 선포된
이즈모형 군함

항공모함으로 공식 선포된
이즈모형 군함

2013년 8월 6일 일본 해상자위대 역사상 가장 큰 군함인 [이즈모]가 진수식을 했다. 당연하게 일본 방위성은 항공모함이라 말하지 않지만 아는 사람들은 이즈모가 항공모함이라고 입을 모아 말한다. 만재배수량 2만 7,000톤이고 배 길이만 248m여서 이탈리아의 항공모함(만재배수량 13,850톤)보다 크다. 공식적으로는 헬리콥터 탑재 군함으로 불리지만 수송능력이 뛰어나 일반 구축함 3척분의 물과 기름을 운반할 수 있고 보병 2개 중대의 인원도 전쟁터에 급파할 수 있다. 중국 잠수함을 수색하기 위한 목적의 헬리콥터를 최대 13기 실을 수 있고 갑판에는 5기가 항상 대기할 수 있다. 미국의 수직이착륙 스텔스 전투기 F-35B를 도입할 가능성도 열려 있어 그 때는 공식명칭이 전투형 항공모함으로 바뀌게 될 것이다.

일본이 미래의 항공모함을 염두에 두고 건조한 큰 함정은 [오오스미]라는 수송함이었다. 지금으로부터 20년 전인 1998년 3월 취역한 [오오스미]는 해상자위대 최초로 함정 상부가 한 겹으로 뻥 뚫린 전통갑판(全通甲板) 모양이어서 언젠가는 전투형 공모가 생겨날 논란을 일으킨 바 있었는데 세월이 흐르면서 그 논란은 현실이 되고 일본 스스로도 통제불능의 군국주의의 뼈아픈 역사를 경험했기 때문에 일반 국민들은 어찌할 바를 모르고 주저주저 하고 있는 상태이지만 일본의 우익이 장악하고 있는 일본 정부는 군사대국의 방향으로 기틀을 다져 나가고 있다. 일본의 군국주의는 여타의 외국인도 수없이 생명을 잃었지만 일본 국민도 수백만 명이 전쟁터에서 목숨을 잃어갔기에 군사대국이 되면 안 된다고 생각하는 일본인들도 많으나 군사대국이 되는 것에 대해서는 국민의 동의가 인정되는 분위기다. 1983년 봄 미국 유학 시절, 도서관에서 자료를 찾던 중 처음으로 접한 Japan Quarterly에서 읽게 된 [일본 평화헌법 개정 가능성]이라는 논문을 접하고 나서 그 때부터 학문적 호기심의 대상이 되었던 일본자위대와 평화헌법 제9조는 35년이 지난 지금 큰 변혁의 시기를 맞고 있다. 일본의 평화헌법 제9조는 자위대의 존재를 인정하고 있지 않다. 그래서 일본 역사상 최장수 총리의 기록을 남기게 될 아베 신조 현 일본 총리는 평화헌법 제9조의 개정을 하겠다고 공언을 하고 있고 자위대는 질적인 측면에서 세계 제5위 내에 드는 군사강국의 면모를 과시하고 있다. 대형함정인 [오오스미]가 수송함으로 그 이후 [휴우가]에서 [이즈모]로 이어지는 항공모함으로의 변신은 지난 역사를 대변하고 있다.

　[오오스미] 이후 해상자위대 최초로 전투형 공모로 변신한 [휴우가]형이 취역했는데 [휴우가]형 만재배수량 1만 9,000톤으로 1번함이 2009년 3월 취역하였다. 속도는 30노트로 헬리콥터 발착 장소가 4곳에 설치되어 있다. 헬리콥터 11기를 싣는 군함으로 경항공모함을 갖고 있는 외국의 항공모함과는 달리 대공미사일 수직발사 시스템 ESSM과 대잠 미사일을 갖추고 있다. 헬리콥터 관제는 물론 미사일 유도도 가능한 FCS-3 레이더와 대형 음향탐지장치가 설치되어 있어 첨단기술이 적용된 군함이라 하겠다. [휴우가]형 군함은 2011년 취역한 2번째 함 [이세]와 더불어 옛날 일본제국주의 시절의 항공전함의 이름을 그대로 계승하여 지난날의 기억을 되새기게 하는 이름이다. 2013년 시점으로 가장 큰 해상자위대의 함정이고 2011년 일본 대지진 때 구난활동을 잘해 자위대가

일본 국민에게 가까이 다가서는 역할도 큰 함정이라 볼 수 있겠다. [휴우가]형은 지금의 시선으로 일본을 바라볼 때 장차 항공모함을 제대로 갖추기 위한 중간 과정의 경항모라고 볼 수 있겠다. [휴우가]형이 대잠작전을 중시하여 상대방 잠수함을 찾아내고 격파하는데 방점을 두고 있는 함정이라면 [이즈모]는 항공작전을 원활히 할 수 있게 목표를 설정하고 건조한, 문자 그대로 경항공모함인 것이다.

그 증거로 만든 경(輕)항공모함 일본의 항공모함인 [이즈모]가 만들어지게 되는데 이 배는 공격형 항공모함으로 변신하게 된다. 22년 전인 2006년 당시 기본설계 구상을 공개할 때 지휘탑인 아일랜드가 함정 한가운데 설치되므로 전투기의 이착륙인 활주로가 없기 때문에 헬리콥터만이 이착륙할 수 있는 다목적 수송함 정도의 함정이라고 강변한 바가 있었다. 그런데 건조가 끝나고 보니 지휘탑인 아일랜드가 배의 오른쪽 중간지점에 위치해 있고 갑판이 수평으로 뻥 뚫려 활주로가 가능해 언젠가는 개조해서 공격형 항공모함으로 사용하지나 않을까라는 의혹을 사던 함정이었다. 지금 상황으로서는 5대의 공격형 헬리콥터가 동시에 이착륙할 수 있는 중형급 항공모함 크기다. 아니나 다를까, 2018년 2월 일본 해상자위대 간부를 지냈던 퇴역군인이 "이즈모 함정은 2010년 설계

당시부터 공격형 항공모함으로 언제든지 개조할 수 있도록 설계되었다"는 고백을 털어 놓음으로써 일본의 군사대국화와 공격형 항공모함 보유는 이미 오래전부터 준비되어 왔음이 백일하에 드러났다. 제2차 세계대전 당시에도 항공모함을 갖고 있던 일본이 공격형 항공모함을 갖지 않겠다는 허언을 곧이 믿는 사람이 우매할 따름이다.

더욱 놀라운 것은 2006년부터 기본설계가 시작될 때 미국이 개발 중이던 수직 이·착륙 스텔스 전투기 F-35B를 함정의 격납고에 보관할 수도 있도록 오르락내리락 하는 엘리베이터의 크기를 F-35B의 크기인 길이 15m, 폭 11m로 만들어 졌다는 사실이다. 미국의 전투기인 F-35B가 수직 이·착륙할 수 있으려면 엔진이 아래쪽을 향해야 하는데 여기에서 나오는 엄청난 열을 견딜 수 있게끔 특수 페인트와 갑판의 모양새도 그리 설계되었다는 것이다. 중국이 항공모함을 만들고 동지나해, 남지나해의 해양을 지배할 것이라는 생각을 수십년 전부터 염두에 두고 준비해 왔다는 것이다. 더욱이 중국과 영유권 분쟁을 겪고 있는 센가쿠 열도가 중국의 공격을 받을 경우를 미리 상정해 둔 군사전략인 것이다. 중국도 랴오닝 항공모함을 필두로 국산 항공모함을 건조 중에 있고 2030년까지 총 4척의 항공모함을 운용할 계획이고 이 가운데 미국처럼 핵항공모함 계획도 포함되어 있어 중국과 일본 간의 항공모함 군비경쟁이 불붙기 시작했다.

이즈모형 항공모함의 제2번함인 [가가]도 2015년 8월 27일 진수했는데 길이가 248m이고 언제든지 수기 이·착륙 스텔스 전투기 F-35B를 탑재하여 중국 항공모함에 대처할 수 있는 항공모함이다. 경항모 [가가]의 앞쪽에는 인보드 타입의 엘리베이터가 있고 뒤쪽에는 덱키 사이드 타입의 엘리베이터가 있다. 덱키 사이트식 엘리베이터는 전투기를 격납고에 넣고 함상위로 올려 발진할 수 있는데 쓰이는 데 예를 들어 미국의 니미츠급 항공모함 10척 모두 덱키 타입 엘리베이터 4기를 운용하고 있다. 미국의 차기 항공모함인 제럴드 포드급 항공모함도 3기의 덱키 사이드 타입 엘리베이터로 운용될 것이다. 필자는 부산항에 입항한 로널드 레이건 미 항공모함에 탑승한 적이 있는 데 탐방객들에게 덱키 사이드 타입 엘리베이터를 한 번 탑승하게 해주는 경험을 해 주었는데 선체 바닥의 격납고에서 배위로 올려지는 속도가 아주 빨라 모두가 환성을 지르는 광경을 연출하기도 했다. 이탈리아 해군의 항모 [콘데 데 카불]은 회전익 헬리콥터뿐만 아니라 고정익전투기도 운용하고 있는데 [이즈모]형처럼 인보드 타입 엘리베이터와 덱키 사이드 엘리베이터 모두 운용하고 있다.

이탈리아의 항모를 볼 때 [이즈모]는 언제든지 고정익전투기 F-35B를 탑재할 수 있다는 방증을 보게 된다. [이즈모]형은 항공기 운용뿐만 아니라 차량의 수송에도 중요한 역할을 하는데 육상자위대의 3.5톤 대형범용트럭 약 50대를 수송할 수 있다. 또한 탄도미사일 방위에 필요한 항공자위대의 레이더 차량과 발사가 차량 등 복수의 차량으로 구성된 패트리어트 발사 시스템의 수송도 가능하다. 의료지원체계도 [휴우가]형 보다는 크게 향상되어 [휴우가]형이 수술실을 포함하여 8개의 병상이 있는데 [이즈모]형은 35병상이나 된다. 그리고 만약의 경우 [이즈모] 선체의 큰 수리가 아니고 간단한 수리가 필요할 경우에는 약 11m급의 작업정이 2척 수납되어 있어 항구에 정박하지 않고도 바다 한 가운데서 육상과 연락을 취하며 배 수리를 할 수 있는 시스템도 갖추어져 있다. 격납고 갑판(제5갑판) 밑, 제6갑판에는 앞에서부터 식량창고, 항공기용 창고, 항공기용 탄약고, 식당, 조리실 등이 배치되어 있다. [이즈모]형의 추진계통은 [휴우가]형과 동등한 가스터빈에 의한 COGAG(Combined Gas Turbine and Gas Turbine) 방식이 채용되어 있다. 가스터빈은 4기로 2축의 스크류 프로펠라를 구동하고 속도도 [휴우가]형 못지 않게 30노트이다. 가스터빈은 [휴우가]형이 출력하는 2만 5,000마력의 LM2500 가스터빈 4기로 크기는 큰데 [휴우가]형과 동등한 속도를 내기 위하여 디지털 연료제어 방식을 채택함으로써 1기당 2만 8,000마력으로 증대시켜 총 11만 2,000마력을 낼 수 있는 엔진시스템이다.

함재 센서로서 가장 중요한 3차원 대공수색레이더는 다기능 레이더 FCS-3으로 종래의 수색, 탐지 기능 이외에 목표추적 기능까지 갖추고 있다. 일본은 1980년대에 방위청 기술연구본부가 세계 최초로 액티브 페이즈드 어레이(Active Phased Array) 타입의 고정형 레이더 개발을 진행했다. 개발한 레이더를 실험함 [아스카]에 장치하고 가혹한 환경에서 해상실험을 거친 이후에 [휴우가]형에 탑재했다.

만재배수량 1만 4,000톤, 그리고 함교가 한 쪽으로 치우쳐 갑판 위가 확 열린 [오오스미]로 일본 국민과 주변국의 눈치를 보며 [오오스미]를 취역 시킨 1998년, 그 이후 수송함이 아닌 최초의 전투형 경항공모함이라 불리는 만재배수량 1만 9,000톤의 [휴우가] 경항모가 2009년, 그리고 2013년 만재배수량 2만 7,000톤의 [이즈모]가 취역한다. 이제 2023년을 목표로 6만 5,000톤급의 항공모함 [호우쇼우: 鳳翔]를 건조할 꿈을 꾸고 있는 일본이다. 이 항공모함은 6척의 항공모함 보유를 목표로 하고 있는 중국을 염두에 두고 진행되는 일이며 동북아에 중일간의 군비경쟁이 치열하게 벌어지고 있는 것이다. 오키나와 본토에서 미야코지마라는 섬까지의 거리가 300km나 멀어서 그 중간에 항공기지가 없으므로 중형급 항공모함을 만들어야만 된다는 일본의 군사전력인 것이다. 일본의 방위관계자가 예측하는 일본의 항공전력은 2025년경 미국의 항공모함 탑재 스텔스기인 F-35B를 일본 항공모함에 탑재한다는 방침이다. 2028년경에 일본 스스로 개발하는 F-3 스텔스 전투기의 최초 비행이 목표이고 일본의 주력 전투기인 F-15가 퇴역하기 시작한다. 2033년 일본이 개발한 스텔스 전투기 F-3의 부대 배치가 시작되고 2038년 F-15 전투기 모두가 퇴역한다는 계산이다. 향후 20년 이후의 일이며 필자가 생존해 있다면 만 84세가 되는데 그 때의 동북아 안보상황에서 대한민국의 안전보장은 어떠한 위치에 있을지 불안은 증폭되고 있고 대한민국의 평화와 번영을 위해 중국과 일본에 대한 아킬레스건이 될 수 있는 최소투자, 최대효과는 잠수함 전력일 것이고 군사예산으로 여유가 있다면 미사일 전력과 사이버 전력으로 맞서야 할 것이다. 그리고 외교적으로는 군비경쟁을 막는다는 명분을 앞세워 동북아 평화체제를 한국이 주도적으로 출범시켜야만 한다는 점을 다시 한 번 강조하고 싶다.

일본이 항공모함을 만드는 이유는 제2차 세계대전 당시 항공모함 운영을 한 바 있는 일본이 전쟁에 지고 나서 약 70년 동안 항공모함 운영 경험이 없다. 항공모함이라는 것은 방어용 보다는 공격형 기함(旗艦)이기 때문에 적의 공격을 받을 경우 방어만 한다고 했던 자위대의 어휘에 어울리지 않는 무기체계가 항공모함이기 때문이다. 지금은 헬기탑재 군함이라 불리지만 중국의 위협이 증대되는 역사의 과정에서 일본의 항공모함은 언제든지 전투기를 탑재하는 항공모함으로 변신할 준비를 착착 진행하고 있는 것이다.

2017년 12월 27일자 아사히신문 보도를 보면 일본 방위성이 해상자위대 최대의 헬리콥터 탑재 호위함 [이즈모]를 항공모함으로 개조하는 검토에 착수했다는 기사를 싣고 있다. 내용을 보면 항공자위대가 스텔스 기능을 갖춘 F-35B 전투기를 미국으로부터 도입하여 탑재하는 것이다. [이즈모]는 길이 248 m이고 갑판 자체가 뻥 뚫려 있어 언제든지 전투기 탑재 항공모함이 가능한 함정이다.

일본을 군사강대국으로 만드는 가장 가까운 원인은 북한의 위협이라고 스스로 강변하지만 일본은 중국을 두려워한다. 특히 일본이 실효지배하고 있는 센가쿠 열도를 중국이 언젠가는 넘볼 것이라는 근원적인 두려움이 있다. 센가쿠를 방어하기 위한 일본의 군사적 대비는 이미 시작되었고 이러한 두려움을 잘 알고 있는 미국은 일본은 보호한다는 확약을 해주고 있다. 중국의 위협이 증대되는 시간표에 따라 일본은 미국으로부터 수직이착륙 스텔스 전투기 F-35를 도입하게 될 것이고 이 전투기를 생산하는 미국의 록히드 마틴사는 수익을 올리게 될 것이다. 일본 서남부에 있는 이와쿠니 기지에 F-35B를 배치한 미국은 일본에게 F-35B에 대한 직간접 경험을 하게 함으로써 구매 의욕을 높일 것이다. 전 세계를 상대로 하는 항공모함 운용 전략이 필요 없는 일본으로서는 [이즈모]형 항공모함 [이즈모]와 [가가] 2척에 F-35B 전투기를 탑재하고 요코스카에 정박해 있는 도널드 레이건 미 항모와의 공동작전으로 일본의 영토를 충분히 방어할 수 있으리라는 계산을 하고 있는 것이다.

제2차 세계대전 때에도 항공모함을 보유했던 일본이 미국에 항복하고 나서 자위대란 이름으로 오로지 방어만 한다는 군사전략으로 전후 70여년을 보냈으나 [항공모함] 보유라는 사실을 다루면서 역사의 변화를 실감한다. 항공모함이라는 것은 그 어떤 무기체계 보다 공격의 무기체계라는 점에서 일본의 변화는 상상 이상으로 빠르게 변하고 있다. 미래를 예견해야 하는 국제정치학자로서 일본에 대해 공부하면서 '일본은 그 어떤 민족 보다고 자국의 안전보장을 위해 미래를 준비하는 민족'이라고 단언한다. 항공모함에 F-35B 전투기를 언제 싣게 될지는 알 수 없으나 중국에 대한 위협 정도에 따라 그 시기는 빨라질 것이다. 스티브 다운이라는 일본주재 미 국무관이었던 미 육군장교는 '왜 일본인들만이 자위대의 실력을, 실력없다 하는가?'라는 책을 쓰면서 다음과 같은 주장을 펴고 있다. "일본에 주재하면서 느끼는 점은 일본의 무기들은 항상 삐까번쩍이듯이 보수 유지가 잘 되어 있다"고 증언하고 있다. 오래된 무기도 즉각 사용할 수 있을 정도라는 점이다. 트럭이나 지프차를 볼 때 미국의 그것은 녹이 쓸거나 흙이 묻어 있는 경우가 많은데 일본은 늘 기름칠을 잘하고 청소와 수리를 잘해 보존상태가 잘 되어 있다는 것이다. 하물며 미국과 일본의 화장실을 비교하며 일본의 화장실은 늘 깨끗한데 미국이 청소가 잘 안 되어 있는 경우가 많다고 비교한다. 일본의 육상자위대가 1960년대에 도입하여 보유하고 있는 MIM-23 호크(Hawk) 지대공 미사일이 50년이 지난 지금도 상태가 좋을 만큼 관리를 잘하고 있다고 한다. 일본을 주변국가 특히 식민지배를 당한 한국이 일본을 뼛속부터 두려워하는 이유가 바로 이런 점이다. 일본이 지진이 발생해 55개나 되는 원자력 발전소 모두가 가동중지 된 기간이 있다. 그런데도 일본 전역에 정전이 없었고 일본에 가서 그 이유를 살펴보니 일본은 비상시를 대비해 40% 이상의 전력을 예비로 설성하는 목표를 둔 나라이기에 수명이 다한 화력 발전소를 폐쇄하지 않고, 기름칠하여 닦고 보수하여 유지했기 때문에 정전 없이 전력공급이 가능했던 것이다. 미래를 투철하게 준비하는 민족성을 지닌 일본이 중국의 국력이 약진하며 일본 주변의 바다를 위협하니 일본의 자위대를 부활시키는 것이다. 일본에 있어 항공모함은 미래의 일이다. 그래서 일본 문화를 들여다보아야 항공모함 전력이 어떻게 변할지 예측할 수 있는 것이다.

국제정치학자는 과거 역사를 상고하고 현재를 분석하고 미래를 예측해야 하는 소임을 갖고 있다. 1945년 미국에게 항복하고 군사력을 완전히 해체 당했던 일본이 1950년 한국전쟁이 발발하고 미국의 승인하에 1954년 오늘날의 일본자위대가 발족했다. 40년 가까이 군사력의 질적 측면, 즉 가장 값비싼 무기의 첨단군사기술력의 증강을 목표로 삼고 조용하게 지내오던 일본이 1998년 8월 31일 북한 대포동 미사일 발사실험을 계기로 급변하기 시작했다. 그리고 중국이 동지나해, 남지나해로 해양세력을 확장하면서 급기야 항공모함시대를 열고 있는 것이다. 앞서 언급했듯이 [오오스미], [휴우가],

[이즈모]에 이르기까지 20년의 시간을 거치면서 [항공모함] 시대를 열고 있는데 중국도 원자력 항공모함을 개발하고 있듯이 일본도 언젠가는 원자력 항공모함을 개발할 가능성을 전혀 배제할 수 없다는 추측이 든다. 왜 그런가? 필자는 지금은 퇴역한 미국 항공모함 인디펜던스가 오키나와 주변 해역에 있을 때 인디펜던스에서 보내온 연락항공기를 서울 공항에서 타고 인디펜던스호에 착륙한 적이 있다. 함장이 배소개를 하면서 기름은 약 8,000톤 실을 수 있고 기름이 3분의 2 이하로 떨어지면 기름 보급을 받기 위해 바다에서 작전 중일 때는 위험한 작전 지역을 피하고 안전한 수역으로 옮겨 기름을 보급 받는다는 것이었다. 예를 들어 걸프전쟁이 발생했을 때도 파견된 인디펜던스지만 기름 보급을 받기 위해 걸프만으로부터 멀리 떨어진 해역으로 나아가 기름을 보급받았다. 이러기 위해서는 항공모함을 보호하기 위해 물밑에서는 잠수함, 앞뒤 양옆으로는 구축함, 공중에서는 전투기, 정찰기 등 많은 무기체계가 기름을 보충하기 위해 동원되어야 하는 불편이 있다. 그래서 2018년 현재 미국은 니미츠급 원자력 항공모함, 포드급 항공모함 모두가 원자력 항공모함이다. 원론적으로 별 다른 수리가 없으면 20년 동안 연료를 보급 받지 않고 항공모함을 운용할 수 있는 것이다. 일본은 쓰나미가 덮쳐 후쿠시마 원자력 발전소 사고가 골머리를 앓고 있지

만 한 때는 원전 55기를 스스로 생산하여 가동시킨 세계 제3위의 원자력 강국이다. 그리고 아오모리현 [무쯔 원자력선] 박물관에 가보면 원자로를 사용하여 태평양 일주를 수행한 원자력선 [무쯔]가 전시되어 있다. 항공모함에는 일반 원자력 발전소의 원자로 보다 작은 소형의 원자로가 들어가야 하는데 일본은 이미 이 실험을 마친 국가이다. 일본의 결정이 어떻게 방향을 잡느냐이지 기술의 문제는 없다. 그래서 국제상황과 역사의 전개에 따라 원자력 공모의 가능성을 전혀 배제할 수는 없다.

그러면 한국은 미래를 어떻게 대비해야 하는가? 첫째, 기초 방위력 측면에서 잠수함 전력을 증강시켜야 한다. 중국과 일본이 항공모함 군비경쟁을 한다고 해서 한국이 무턱대고 군비경쟁에 뛰어들 수는 없다. 항공모함을 갖게 되면 항공모함 그 자체뿐만 아니라 항공모함을 운용하기 위한 군함과 전투기 등 천문학적인 국가 예산이 투입되어야 한다. 일본은 항공모함용 F-35B를 약 20대 들여 올 생각을 하고 있는데 1기당 가격이 약 2천억 원에 이를 것으로 평가된다. 항공모함이 가장 무서워하는 첨단 잠수함을 증강시키면 큰 돈 들이지 않고 기초 방어력을 확보할 수 있다. 두 번째는 정교한 미사일을 증강 배치해야 한다. 탱크와 대포 등 모든 무기를 증강하여 주변국의 군사력 증강에 맞설 수는 없고 돈 적게 들이고 가장 효율적인 무기체계로 방어력을 높이기 위해서는 해양에서는 잠수함, 육상과 공중에서는 미사일로 영토 방어력을 높이면 비용 대비 효율성이 가장 높을 것으로 판단된다. 세 번째는 동북아 군비축소 평화협의체를 발족시킬 일이다. 외교적 해법도 함께 생각해야 한다는 말이다. 한국은 중국과 일본에 비해 국력이 상대적으로 낮기 때문에 긴 안목을 갖고 동북아 평화의 꿈을 꾸는 대한민국의 외교적 성찰이 있어야 국가를 지켜낼 수 있다. 일본이나 중국도 자국민의 생활복지에 돈을 써야 하는데 계속해서 값 비싼 무기를 구매할 수는 없다. 일본은 내년도 국방예산을 52조 원을 책정했는데 제2차 세계대전 이후 가장 많은 금액이다. 중국이나 일본도 언제까지나 군사예산을 펑펑 쓸 수는 없기 때문에 한국이 주도적으로 동북아 군비축소 평화협의체의 창출을 선포하고 중장기적인 평화의 구상을 내놓으면 동북아 평화의 꿈이 실현될 수 있는 날이 올 수 있을 것이다. 군비경쟁에 돌입한 동북아에 평화를 주창할 수 있는 나라는 대한민국이 적격이라는 역사적 직관이 있어야 하겠다.

09

일본자위대와
평화 헌법 제 9 조

일본자위대와
평화 헌법 제9조

일본자위대의 존재는 평화헌법 제9조와 얽혀 있다. 그래서 평화헌법 제9조를 개정하지 않고는 자위대의 합헌적 지위에 관한 논란은 끊임없이 제기될 것이고 국민으로부터 나오는 국가권력이 제대로 작동하지 않는다. 자위대의 존재를 부정하는 제9조, 즉 '일본은 군사력을 갖지 않는다'는 조항을 국민의 동의하에 개정해야 국민으로부터 동의를 받는 떳떳한 국민의 군대가 되는 것이다. 일본의 헌법 개정 과정을 보면 우선 중의원, 참의원 3분의 2 이상의 동의가 있어야 하고 중·참의원 동의가 가결되면 국민투표에 붙여 과반수 이상의 동의가 이루어지면 천황이 공표하여 헌법 개정이 완료되는 것이다. 현 아베신조 총리가 헌법 제9조를 개정하겠다고 벼르고 있어 그 추이를 지켜 볼 일이나 중·참의원 3분의 2 이상의 동의를 이끌어 내는 것은 정치적으로 가능한 일이나 국민의 동의는 아직 바닥을 더 다져야 하는 것으로 여론조사는 나타나고 있다. 일본인들도 진정으로 평화를 위한다고 필자가 점수를 더 주고 싶은 마음은 없으나 자위대의 지위를 바꾸려는 아베 총리의 생각에 반대하는 사람이 많다. 그 이유는 일본인들도 제2차 세계대전에 들어가면서 종전 후 계산을 해 보니 수백만 명이 죽었다는 사실이다. 그래서 타의에 의해 평화헌법이 만들어졌지만 전쟁은 안 된다는 마음이 그들의 마음속에 있다.

자위대의 합헌적 지위를 바라는 것은 미국의 소망이기도 하다. 중국을 견제하려니 일본이 군사재무장을 정정당당히 하는 것이 필요한데 미국이 기초를 잡아준 일본의 평화헌법, 그 중에서도 제9조는 군사력을 갖지 못하는 것뿐만이 아니고 국제분쟁에 무력 참여를 할 수 없게 되어 있기 때문에 미국은 모순되게도 이를 바라고 있다. 이 모두가 국제사회의 안보환경이 변하고 태평양의 제해권을 그대로 유지하고 싶은 미국의 목표 때문이다. 일본만큼 말 잘 듣고 돈 많은 나라 그리고 서태평양 끝자락에 위치한 일본은 미국으로서는 천혜의 요새이자 동반자이다. 특히 오키나와는 서태평양에서 가장 전략적인 미군의 거점이다.

　일본도 호시탐탐 헌법을 개정하고자 노력을 기울여 왔는데 그 증거가 선거제도의 개정이다. 원래 일본은 국회의원을 뽑는 선거제도가 중선거구제로 선거구 1개소에서 3명 내지 5명의 국회의원을 뽑는 제도여서 여러 정당이 분포하며 자민당 이외에는 소수정당이 난립하는 구조였다. 심지어는 1명의 국회의원만 갖는 정당도 있을 정도였다. 그래서 정치학자들은 집권정당인 자민당이 홀로 큰 정당이고 나머지 소수정당들의 국회의원을 다 모아도 집권정당인 자민당에 못 미치는 구조여서 민주주의 국가로서는 드물게 [1점 반 정당제도]라는 말이 생겨나기도 했다. 이러한 제도하에서는 자민당과 색깔이 비슷한 사민당이나 공명당을 다 합쳐도 헌법 개정에 필요한 3분의 2 의석수를 차지하기 힘들기 때문에 선거제도를 바꾼 것이다. 그러나 선거구제는 1선거구 1명을 뽑는 소선거구제도로 바꾸면서 집권 자민당이 색깔이 비슷한 공명당과 연립하면 3분의 2 이상의 의석이 가능하게 된 것이다. 중·참의원은 헌법 개정에 필요한 의결 정정수를 맞추어 놓았지만 그다음 단계는 국민투표다. 국민투표 과반수를 통과해야 하는데 2018년 현재로서는 아직 자신이 없는 모양새다. 그러나 이것도 역사적 계기가 발생하면 가능성이 충분히 있다. 그것은 외부로부터의 위협이 증대될 경우다. 만약 북한의 미사일 잔해가 일본 영토 내에 떨어진다거나 센가쿠 열도에 중국이 상륙하기라도 한다면 상황은 급반전 될 것이다. 일본은 원래 외부의 위협이 크게 증대하면 신속히 단결하는 민족성이 있다.

2018년 10월 14일 현재 일본의 아베 총리는 일본의 군사력을 수십년 앞을 내다보며 강고한 기초를 다지겠다고 선언하고 있다. 아베 총리는 일본 역사상 유례가 없는 최장수 기록을 남길 가능성이 큰 3선의 총리다. 출신도 이토 히로부미 등 보수우익 출신들이 많은 야마구치현이다. 그리고 차관급인 일본 방위청을 그가 1차 총리 시절, 장관급인 방위성으로 바꾸어 놓은 인물이다. 필자는 방위청이 방위성으로 바뀌던 날 이치가야에 있는 방위성 광장에 서 있었다. 아베 총리가 단상에서 자위대의 사열을 받는 장면을 보았고 보수우익의 대표나 다름없는 나카소네 야스히로 전 총리가 축사를 위해 리무진에서 내리던 모습도 보았다. 방위청을 방위성으로 바꾼 총리가 지금 3선의 총리의 임무를 수행하고 있다. 그러면서 3선 취임 일성이 헌법 개정이었다. 일본의 군사력은 브레이크 없이 질주할 모양새다. 역사는 흐르는 것이고 변화한다. 그 흐름에 국가와 국민이 어떻게 대처하는지에 따라 자국의 국민들이 노예나 다름없는 생활을 하지 않게 된다. 1910년은 한국이 일본의 식민지배에 들어간 통한의 해였다. 백세 시대에 살고 있는 우리는 한일합방이 아주 멀게 지나간 역사의 일이라고 생각할지 모르겠지만 110년도 채 안 된 일이다. 앞으로의 100년 동안 무슨 일이 벌어질지는 우리의 몫이고 우리 스스로가 우리 후손들을 지켜내고 후손들에게 평화와 번영의 유산을 물려주어야 한다. 제2차 세계대전이 1945년에 끝나고 식민지배에서 풀려난 지 73년을 보내면서 일본자위대는 한국의 국군보다 무기의 질적인 측면에서 한국을 압도하고 있고 중국은 미국과 어깨를 겨누는 G-2의 반열에 올라서 있다. 미군을 한국에 주둔시키는 미국이 사드를 경상북도 성주에 배치하자 한국의 롯데마트를 중국에서 내쫓는 중국이다. 그리고 서해와 동해에서 불법 조업을 하며 한국의 생선을 싹쓸이 해가도 잘못되었다는 자세는 눈곱만큼도 없는 중국이다. 일본의 역사는 제2차 세계대전에서 미국에 패망한 이후 미군을 주둔시키며 일본의 안보와 평화 그리고 번영을 구가하고 있지만 미국 이외에는 그 어느 국가의 지배를 당하지 않았던 민족이고 심지어는 한국을 침탈하고 중국마저 침략했던 나라여서 한국과는 다른 안보자세를 갖고 있다. 한마디로 말하면 세계와의 전쟁을 치른 나라이다. 한국처럼 침략을 많이 받은 일본의 역사가 아니기에 지금도 10억 인구가 넘는 거대한 나라 중국과 맞서는 태도를 보이는 것이고 그 배경에는 미국을 꽁꽁 붙들어 매는 주일 미군이 있다. 미군이 그 어느 국가보다도 일본에 주둔하는 것을 좋아할 만큼 일본은 주일 미군을 위해 배려와 인내를 갖고 있다. 이 모두가 일본 국익을 위함임은 두 말할 것도 없다. 10여 년 전에 미 7함대가 본거지를 삼는 요코스카에 간 적이 있다.

지금은 퇴역한 인디펜던스 항공모함도 타 보고 그 항공모함에서 근무하는 재미교포인 치과의사 집에 초대 받은 적이 있다. 일본의 서민들은 성냥갑 같은 아파트에 사는 사람이 많은 데 미군에 소속된 그는 넓은 거실에 심지어는 앞마당에 잔디밭을 갖고 바베큐를 즐기는 복락을 누리고 살고 있었다. 또 한 번은 동경에서 기차로 30분도 되지 않은 미 육군 거주 기지인 자마(座間)기지를 방문한 적이 있다. 영관급 장교인 그의 드넓은 리빙룸에서 커피 한 잔을 얻어먹고 붙어있는 벽보를 읽어 보니 앞마당 잔디를 일본식으로 누가 가장 잘 꾸몄는가를 콘테스트 한다는 광고를 보고 머리가 혼란스러웠다. 기지 문만 나서면 서민층 아파트가 많은 데 기지 안에서의 미 육군 영관 장교는 호사를 누리는 거주 공간을 갖고 있었다. 어디 그 뿐인가? 동경 도심에서 20분도 걸리지 않는 일본 지하철역에서 일본 중앙대 교수를 만나기 위해 저녁 무렵

기다리고 있는데 웬 굉음이 머리에서 울려 쳐다보았더니 전투기 아랫부분이 바로 보이지 않은가? 항공모함 탑재 F-18 전투기의 정비를 위해 요코다 공군기지에 착륙하는 중이었다. 일본인들은 이런 굉음을 일상으로 듣고 사는 형편이었다. 무서운 인내심이라는 생각이 든다. 주일 미군을 지원하는 국가 예산은 어떤가? 오모이 야리 예산이라 하여 미군이 주둔하는 데 최대한 편의를 제공한다는 생각을 담은 예산이라는 말이다. 일본이 지불하는 주일미군자원 예산은 약 58억 달러이다. 그러니 요코스카 미군기지 내의 술파는 바의 바텐더의 월급을 일본예산으로 지불하고 있다. 미국이 일본을 억제하기 위해 주둔을 시작한 주일 미군은 이제는 거꾸로 일본을 보호하는 것은 아닌가라는 생각이 들 정도로 일본은 편안하다. 그러면서 세계 제2의 경제대국이라는 위치까지 올라 간 일본이다.

미군의 일본의 여학생 성폭행 사건이 터진 이후 아사히신문 기자와 오키나와의 미군기지를 둘러보러 간 적이 있었다. 미군의 헬리콥터 기지인 후덴마 기지를 내려다 볼 수 있는 꽤 높은 산언덕에 올랐는데 아래를 내려다보고 소스라칠 뻔했다. 미군기지를 둘러 싼 철조망에 다닥다닥 붙은 일본인들의 집을 보고 어떻게 그들이 그 소음을 견디고 살 수 있었을

까? 상상이 안 되는 풍경이었다. 그리고 동양 최대를 자랑하는 미군의 가데나 공군기지의 쭉 뻗은 활주로를 보면서 오키나와는 미국이나 다름없는 미군기지이다. 아주 맑았던 푸른 하늘 아래 오키나와 절벽 위 평원 잔디 위에 끝도 없이 서 있는 검은 비석들, 태평양 전쟁 말기 미국이 오키나와를 점령할 때 죽은 사람들의 묘비였다. 그토록 푸른 하늘을 바라보며 '전쟁이 다시는 일어나서는 안 된다'는 생각을 거듭거듭한 오키나와의 미군기지 방문 소감이었다.

일본의 군사재무장, 즉 자위대의 국가군대로의 변모는 미국의 바람이 되고 있다. 태평양 제해권의 마지막 교두보이기도 한 일본이지만 부자나라 일본은 값비싼 미국제 무기를 풍성하게 사주는 나라다. 1기당 평균 1천억 원이 넘는 보잉사 소속의 F-15 전투기를 무려 200대 정도 사 준 일본이며, 1기당 1천 3백억 원을 호가하는 대잠초계기 P-3 C도 100대 이상 사준 일본이다. 2012년 12월 20일 1기당 약 1천 8백억 원이 넘는 F-35A 전투기를 42기 도입하는 결정을 했고 1기당 1천 2백억 원이나 하는 공중급유기도 4기 도입하고 이는 공중급유기로선 세계 최초로 원격감시장치를 탑재한 항공기다. 1기당 무려 1조 원을 호가하는 글로벌 호크 무인정찰기도 3기 구매하기로 되어 있다. 정식명칭은 고고도 체공무인

정찰기이다. 미국도 중국과 북한을 감시하기 위해 E-767을 괌의 앤더슨 공군기지에 배치하고 있다. 그리고 1기당 5천억 원이나 하는 공중경계 관제기 E-767도 4기나 도입된다. 1척당 1조 6천억 원이 넘는 이지스함도 8척이나 가질 예정인 나라가 일본이다. 1기당 1천 3백억 원이나 하는 E-2C 조기 경계기도 무려 13기나 구매해 주었다. 1기당 약 600억 원 하는 CH-47J TNTHD 헬리콥터도 15기나 도입되었다. 육상의 탱크 헌터로 불리는 1기당 1천 3백억 원이나 하는 AH-64D 아파치 헬리콥터를 원래 60기 들여 올 예정이었으나 13기에 그쳤는데 일본은 과연 세계의 최첨단 무기들로 무장된 군사 강국이다.

1개 고사군에 약 1조 원 이나 하는 패트리어트 3(PAC-3)도 전국에 널려 있고 1기당 2조 원 정도 예산이 소요되는 사드 어쇼와를 2기 구매하기로 되어 있는 일본이다.

이처럼 고가의 미국 무기를 계속 구매하는 일본의 목적은 첫째, 미국의 무기가 최첨단일 뿐만 아니라 돈을 더 주고 거의 모든 구입 무기를 라이선스 생산하며 기술축적을 하기 위함이다. 미국은 돈을 더 벌어서도 좋고 미국이 모자란 기술도 공여 받을 수 있으니 도랑치고 가재잡는 이득이다. 미국이 약한 탄소섬유수지 기술과 반도체 기술 등은 일본에서 배우는 미국의 입장이다. 두 번째는 미군을 주둔시키는 일본은 미국 무기이면 호환성과 공동작전이 수월하기 때문이다. 요즘 무기는 정교한 무기와 데이터 링크 정보교환 등 코드가 맞지 않으면 원활한 군사작전이 불가능하다. 거기에다가 늘 일본에게 무역적자를 당하고 사는 미국에게 무기를 구매하며 일본 무기의 질도 높이고 무역 균형도 이루어주니 누이 좋고 매부 좋은 형국이다. 세 번째는 미국의 무기를 많이 사주니 미군이 떠날 일이 없다. 과거에도 그랬듯이 미국이 한국을 포기할 수는 있었어도 일본에서의 미군 철수는 없다. 그만큼 살갑게 미국의 비위를 잘 맞추기 때문이다. 일본은 국익을 위한다면 수단 방법을 가리지 않을 국가이다. 일본의 미군주둔은 한편으로 일본의 대륙간탄도탄이라든가 핵무기를 보유하는데 족쇄 역할을 한다. 전투기나 이지스함과 같은 재래식 무기의 구매나 개발은 용납해도 대량살상무기인 핵무기는 절대로 용인하지 않는다. 미국이 북한의 핵무기를 끝까지 제거하려는 이유는 북한의 핵무기 보유국으로 공식 선언되면 일본의 핵무기를 저지할 명분이 없다. 그래서 동북아의 핵무기 확산을 막으려면 북한의 핵무기만큼은 끝까지 제거되어야 하는 것이다. 네 번째는 미국 무기 구매의 최고의 고객인 일본은 이미 미국과 군사일체화를 이루어냈고 종전 후 미국이 일본의 관리자였다면 이제는 일본의 호위병이 되어 버렸다. 일본이 실효지배하고 있는 센가쿠 열도를 중국이 침략하면 미국은 일본과 함께 즉각 퇴치 작전에 나선다는 약속을 할 정도로 미국과 일본은 군사일체화가 되어 있어 미 공군과 항공자위대, 미 해군과 해상자위대, 미 육군과 육상자위대가 함께 움직이도록 되어 있다. 2018년 3월 30일 요미우리신문 보도를 보면 2017년 11월 말 미국령 괌의 앤더슨 기지에서 B-1 전략폭격기가 북한을 향해 비행할 때 일본 남부 큐슈 근처에다 달았을 때부터 일본의 F-15 전투기가 호위를 했고 북한 미사일 발사 때문에 2017년 이후 한국 동해상 원거리에 상주하다시피 한 미국의 이지스함에게 기름 공급을 하기 위해서 일본의 보급함이 군수물자를 보급할 만큼 미국과 일본은 군사일체화가 되어 있다.

일본의 주일미군 뒤에는 하와이에 있는 미태평양 사령부가 있는데 유사시 미태평양 사령부의 지휘하에 모든 군사력이 움직이도록 되어 있어 실제로는 미국이 대리전쟁을 치르는 것이나 다름없게 되어 있다.

한국의 주한 미 대사로 부임한 해리스 미 태평양 군사령관은 일본계 미국인이다. 태평양 사령관직에 취임하던 2015년

5월 27일, 이 취임식을 취재한 아사히신문 기자는 하와이 비컴 미군기지에서의 풍광을 그의 저서에서 생생히 묘사하고 있다. 전임 사령관이었던 사뮤엘 로크리아 해군 대장으로부터 해리 해리스 대장으로 바통이 넘어가는 과정인 것이다. 아시아 태평양의 운명이 그의 어깨에 달린 것이나 다름없다. 일본에서 참석한 인물은 다케다 료우타 전 방위성 부대신, 카와노 카츠토시 총막료장, 미국 워싱턴으로부터는 주미 일본대사 사사에 겐이찌로우, 필리핀의 국방장관도 초대되었다. 일본측의 참가자가 단상의 맨 앞줄에 있어 일본이 프로토콜(protocal)상 상석에 위치한 셈이다. 에쉬턴 카터 미 국방장관, 죠나선 그리너 해군작전부장, 미 태평함대 사령관에 취임하는 스컷 스위프트 제독도 눈에 띠었다. 일본측 참가자는 지구의 절반을 담당하는 미 태평양 군사령관의 취임식에 참석하며 무슨 생각을 했을까? 세계를 제패하는 미국의 군사력에 압도되었을 것이고 미국에 절대로 대항하면 안 된다는 생각을 했을 것이다.

미국의 이러한 군사력 과시는 동맹국과 우호국들이 2개월에 걸쳐 실시하는 림팩(Rimpac) 훈련에서도 나타나는데 2014년 미국의 오바마 대통령은 통 큰 결단을 내려 중국의 해군이 참석하도록 초청하였다. 1971년부터 시행해 온 훈련에 중국이 참여하는 것은 처음이었다. 중국의 참여로 중국은 미국과 미국의 동맹국들의 군사력을 참관하고 싶었을 것이고 미국은 중국에게 함부로 까불지 말라는 생각을 했을 것이다. 중국은 구축함, 프리케트함, 보급함, 병원선 4척 등 1,100명의 병력을 파견한 바 있다. 2014년 7월 30일 아사히신문에서는 중국이 이 훈련에서 [덩치만 큰 꼬마]라는 느낌을 가졌을 것이고 적어도 10~20년 내에는 미국을 따라 잡을 수 없다는 확신을 했을 것이라고 분석하고 있다.

일본으로서는 미일동맹이 영원한 동맹이면 좋겠지만 만약 그렇게 되지 않는 역사가 전개된다면 일본은 어떤 아킬레스건과 같은 군사력을 보유하면 되는가? 라는 생각을 할 것이다. 일본은 미국도 견제하고 싶을 정도의 잠수함 실력을 키워 놓았고 일본은 섬나라여서 탱크와 전차 등 육상자위대 군사력을 줄이고 해·공군력 그리고 우주·사이버 군사력의 정비를 염두에 두고 있다. 우주는 이미 우주강국이어서 로켓의 능력은 대륙을 넘나들 정도이고 첩보위성은 10기나 보유하게 된다. 북한도 아직 확립되지 않았다고 분석되는 로켓의 재진입 기술이 일본은 이미 확보되어 있다. 사이버 능력도 2020년 동경 올림픽을 계기로 더욱 더 진보된 해킹 방지 시스템과 사이버 능력을 세계 최고 레벨로 끌어 올릴 계획이 착착 진행 중이다.

　미 태평양 사령군은 미 본토 서부에서 인도양까지 그리고 북극해, 남극해에 이르는 광대한 해역을 담당하고 있는데 이 지역과 해역에는 40여개국이 포함되어 있고 지구 표면적의 약 절반에 해당된다. 미국 서부의 할리우드로부터 인도의 봄베이까지라고 칭할 수 있다. 미국의 하와이는 24시간 전투에 임한다는 각오로 세계를 지배하고 있고 2016년 9월 시점으로 총 38만의 병력이 자연재해가 일어나도 앞장서서 선도적 역할을 하며 막강한 미국의 영향력을 과시하고 있다. 미 태평양 사령관은 과거의 식민지 시절로 말하자면 총독이나 다름없는 지위를 행사하고 있다. 일본에 주둔하는 약 4만의 주일미군이 이 태평양 사령부의 하위조직으로 작전하고 있다. 지금은 주한 미국대사로 부임한 전 미 태평양 사령관은 2016년 8월 아사히신문 기자와의 인터뷰에서 ‘미국은 5개의 적과 직면하고 있는데 북한, 중국, 러시아, 테러, 이란’이라고 말한 바가 있다. 그 중 4개가 아시아 태평양에 있다는 말이다. 향후 10년간 5개의 적이 그 어떤 행동을 하더라도 압도적인 군사력으로 제압할 수 있도록 모든 노력을 기울이고 있다는 점을 강조한 바 있다. 이러한 대처에 적극 협력하여 합동 작전을 펼 수 있는 나라는 한국, 일본, 호주, 필리핀, 태국 등 동맹국들인데 그 중에서 가장 중요한 파트너를 일본으로 꼽고 있다. 북한, 중국 그리고 러시아를 포함해서 날마다 일본 주변의 안전보장을 위협하고 있어 무기수출금지 3원칙의 해제와 방위장비청의 창설, 헌법 개정 등이 필요하다고 말하니 역사의 흐름은 일본의 국군창설을 미국이 원하고 있는 양태다. 일본의 자위대가 국제 분쟁에 관여하지 못하도록 되어 있는 현실을 고쳐 미국이 해외의 전쟁에 참여하기를 희망하는 새로운 역사가 전개되고 있는 것이다. 이런 뒤바뀜이 있는 것이 역사이니 한국도 눈 똑바로 뜨고 국가를 굳건히 지켜나가기 위한 외교와 동맹 그리고 비대칭 군사력, 즉 잠수함, 미사일, 사이버 능력의 증강 등 전방위적인 안전보장 노력을 기울이여야 할 것이다. 비대칭 군사력이라 함은 일본과 중국처럼 무작정 무기 사들이기를 한국이 따라할 수는 없으니 상대가 무서워하는 비대칭 전력만이라도 최소한 보유해야 하는 일은 당연한 일이다.

자위대는 일본의 지진이나 자연재해가 나면 언제나 구난활동에 동원되며 국민에게 점수를 많이 따놓아 자위대에 대한 인기가 높아지고 있는 상황이다. 자위대원 모두가 월급을 받는 직장인이지만 필자가 자위대 연구를 시작하던 1992년만 해도 거리의 전봇대에 자위대 모집이라는 광고가 수도 없이 붙어 있었는데 지금은 그 광고가 사라져 버렸다.

놀라운 사실은 아프간에 파견되었던 자위대원들이 정신과 치료를 많이 받는다는 일이다. 수시로 테러 폭탄이 터졌던 아프가니스탄의 유엔활동으로 파견되었던 자위대원들이 테러 공포에 시달리며 근무했다가 일본에 돌아와서 정신과 치료를 받는 군인들이 많다는 증언을 일본의 자위대 중앙병원 정신과 의사는 아사히신문에서 증언한 바가 있다. 한국의 군대로 말하면 군기가 빠졌다고 할 일이나 월급쟁이 자위대 요원들의 한계도 있다는 사실도 알게 된다. 그러나 자위대가 합헌적 지위를 얻고 정식 군대로 발족하게 되면 일본의 군인들은 자위대원과 같은 지진의 구난 등에 동원되는 존재는 아닐 것이다. 죽음도 불사하는 대단히 강한 훈련 강도를 이겨내는 강군으로 변화하게 될 것이고 헌법 개정을 통해 자위대가 정식군대로 발돋움하는 날이 오게 되면 한국은 안보위기에 직면할 가능성도 적지 않다. 과거와 같은 침략을 할 수는 없겠지만 일본은 중국과 대적하면서 한반도의 존재를 저울질 하게 될 것이기 때문이다. 만약 그런 일이 벌어지면 동북아의 역사는 살벌한 군비경쟁 속에 크고 작은 분쟁의 소용돌이에 휘말릴 가능성이 크다.

이미 예고되는 쟁점은 일본과 중국의 센가쿠 영토 분쟁과 중국의 동지나해, 남지나해의 장악에 따른 군사적 대치이다. 그리고 한국은 절대 용인할 수 없지만 아직도 독도 영유권을 주장하는 일본은 분쟁의 씨앗을 키우고 있다. 일본이 독도의 영유권을 터무니없이 주장해도 만약의 경우 한일간의 군사적 대치가 일어나도 미국이 중일간 영토분쟁인 센가쿠에 즉각 자동 개입하는 것과는 다르다. 중국이 센가쿠 열도에 침탈하면 미국은 막강한 함대의 화력을 동원해 F-15, F-16, F-18, F-35, F-22 등 모든 종류의 전투기를 출동시킬 것이고 사정거리가 길게는 약 2,000km나 되는 토마호크 미사일로 제압할 것이다. 그 토마호크 미사일은 군함에서 뿐만 아니라 오하이오 핵잠수함에서도 발사될 것이다. 미국이 일본 평화헌법 제9조가 개정되어 정식 국방군으로 태어나기를 염원하는 이유는 미국의 동맹국으로서 해외분쟁에 전투요원으로 참여시킬 수 있게 되기 때문이다. 현행 헌법으로는 군사력을 가지느냐 못가지느냐의 위헌적 요소는 자의적 해석으로 평화유지를 위한, 침략 받았을 때 오로지 방어만 한다는 자의적 해석으로 군사력을 증강시켜 왔는데 헌법 개정이 되면 해외에 군대를 파견하여 미국과 함께 싸우게 되니 미국으로서는 짐을 덜 수가 있는 것이다.

1945년을 기점으로 미국과 일본의 군사관계는 미국이 일본의 군사력을 전면 해제하는 걸음을 떼었고 1950년 한국전쟁을 거쳐 1954년 일본자위대가 발족했는데 이른바 안전보장의 프리 라이더(Free Rider)란 이름을 얻을 정도로 군사력에 큰 돈을 쓰지 않고 미국이 일본을 지켜주니 오로지 경제발전에만 국력을 집중시켜 세계 제2의 경제대국이 될 수 있었다. 돈이 넘쳐 뉴욕 맨하탄의 고층 빌딩을 마구 사들여 접수할 정도로 기고만장하던 일본에게 미국 레이건 대통령은 무역적자의 해소라는 명분으로 제동을 걸기 시작하여 부르는 것이 값일 정도로 고가의 무기 수출로 무역적자의 폭을 줄여 나갔다. 그런 일본은 일본 나름대로 미국 무기를 도입할 때 그냥 도입하지 않고 기술을 배우기 위해 고액의 라이선스 비용을 지불해 가며 기술축적에 나서 일반적으로 당하지만 않은 일본이었다. 그러다가 1998년 8월 31일 북한의 대포동 미사일이 일본 열도를 날아가자 그 때까지만 해도 금기시되었던 우주의 군사적 이용, 즉 첩보위성 보유에 나섰고, 중국이 일본의 센가쿠 열도를 넘보자 미일 군사일체화 전략으로 미국의 방패가 더욱 공고화 되었다. 이제는 헌법 개정을 위해 미국과 일본이 함께 염원하는 그런 사이가 되었다. 한미동맹도 정권의 변동에 따라 흔들릴 조짐이 보일 때가 있는데 한미동맹으로 미군이 주둔하기에 주변국들이 한국을 함부로 대하지 않았고 한국이야말로 안보의 무임승차자나 다름없는, 미국의 보호가 있었기에 급속한 경제발전을 이룩할 수 있었다. 오로지 내한민국의 국익을 위해 미군을 주둔시킨다는 변함없는 국가 목표를 갖고 남의 나라 군대가 한국의 영토 내에 주둔하니 조금 불편할 때도 있지만 우리는 국익만 생각하면 된다. 동북아 평화안전보장체제가 설립된다 하여도 미군의 주둔은 동북아의 군사력 균형자로서의 명분으로 주둔하며 한국이 국방비에 돈을 펑펑 써대는 일은 막으면서 우리의 외교를 펼쳐 나가야 할 것이다.

과거 식민지배와 같은 역사의 치욕을 되풀이해서는 안 되며 정치, 외교 심지어는 경제적으로 종속되는 일이 일어나서는 안 된다. 세계를 다니다 보면 특급호텔에 머물 때가 있는데 TV는 거의 모두가 한국 제품이다. 세계의 수많은 나라에서 우리나라의 자동차가 굴러다니고 세계인의 손에는 한국산 핸드폰이 들려 있다. 이런 기조를 유지하며 더욱 더 강한 한국을 창출해 낼 때 대한민국의 안전보장이 보장받게 될 것이다.

저자 약력

지은이 김경민 교수

부산 화랑국민학교 졸업

경남중학교 졸업

부산고등학교 졸업

한양대학교 정치학사

미국 미주리대학교 정치학 석·박사

현재 한양대학교 정치외교학과 교수

한국정치학회 이사

한국국제정치학회 이사

한국공학한림원 회원

공군 정책자문위원

해군 정책자문위원

前 외교부 정책자문위원

　　국가우주위원

　　국가과학기술자문위원

　　육군 정책자문위원

　　국방과학연구소(ADD) 이사

　　국방기술품질원 이사

김경민 교수의 일본자위대 - 그 막강한 군사력-

초판발행   2019년 1월 7일

지은이   김경민
펴낸이   안종만

편 집   김효선
기획/마케팅 임재무
표지디자인   권효진
제 작   우인도·고철민

펴낸곳   (주) 박영사
           서울특별시 종로구 새문안로3길 36, 1601
           등록 1959. 3. 11. 제300-1959-1호(倫)
전 화   02)733-6771
f a x   02)736-4818
e-mail   pys@pybook.co.kr
homepage   www.pybook.co.kr
ISBN   979-11-303-0690-2 03340

정 가   15,000원